PSICOLOGIA
PASTORAL
DE LA
IGLESIA

PSICOLOGIA PASTORAL DE LA IGLESIA

editorial caribe

Jorge A. León

©1978 Editorial Caribe
Miami, Florida, EE.UU.
San José, Costa Rica

Cuarta edición, 1986

ISBN: 0-89922-113-0

Printed in U.S.A.
Impreso en EE. UU.

Dedicatoria

1952 — Junio — 1977

*Al cumplir veinticinco años
en el ministerio cristiano
dedico esta obra*

A
La Iglesia Metodista
de Aguada de Pasajeros, Cuba,
*mi pueblo natal,
donde conocí el evangelio.*

Y al Reverendo
Razziel Vázquez Vera,
*su pastor al producirse mi conversión,
el 2 de octubre de 1946.
El Reverendo Vázquez es actualmente
pastor en Miami, EE.UU.*

Contenido

Prefacio

Este libro ha estado creciendo, cada capítulo en su carpeta, durante mucho tiempo. Ahora toca hacer la redacción final. Debo escoger el material a publicar y el que debo desechar. Para ello necesito la confluencia de dos factores: sabiduría humana y dirección divina. El primero de estos factores es consecuencia del segundo, porque toda habilidad humana es un don de Dios. La dirección divina, en un trabajo como el que encaro, se vivencia a través de la inspiración. Uno se inspira cuando busca, siente y tiene a Dios consigo.

Yo veo a Dios en la belleza de la naturaleza que me rodea. Lo veo, lo siento, lo tengo conmigo. Siento que me acompaña al hacer este trabajo que, por su gracia, caerá en muchas manos para cumplir la misión que El desea sea cumplida.

Estoy en Ymcapolis, Sierra de la Ventana, Argentina. Me encuentro frente al arroyo Negro que corre allá abajo. También contemplo el verdor del follaje y las colinas que, más allá, ocultan el horizonte. Impacientemente corren ante mí las aguas. Así han corrido, así correrán por los siglos de los siglos. Corrieron antes de que yo naciera y seguirán corriendo cuando yo no esté más en este mundo.

Su murmullo atropellado de arroyo serrano me recuerda la voz de Dios que me llamó a servirle, cuando aún era niño, en medio del verdor de la campiña cubana.

Aún cuando cierro mis ojos para orar, mis oídos perciben la voz del Creador a través del canto de las aves y el murmullo de las aguas al correr. Mi espíritu siente a Dios en oración y mi cuerpo lo percibe de otra manera. Todo mi ser está con El trabajando para ti, que tienes este libro entre tus manos. Que el Señor te bendiga y te enriquezca al leer sus páginas y, que al hacerlo, puedas ser más útil en Su nombre a los que contigo participan en la vida de tu iglesia.

El autor

Capítulo 1
La iglesia
en una perspectiva
pastoral

En otras obras que integran esta Colección Pastoral me he referido reiteradamente al desafío que el evangelio hace a cada cristiano a procurar el completamiento de su condición humana según el modelo que Dios nos ha dado en la persona de Jesucristo. Ahora nos vamos a referir al aspecto comunitario de este imperativo divino para lograr la plena expresión de la vida de fe.

Cuando el creyente es honesto consigo mismo y con Dios, se da cuenta de la gran tensión que existe entre lo que es y lo que debería ser a la luz del evangelio. Esta toma de conciencia se ve dificultada por mecanismos inconscientes tales como la racionalización, el aislamiento, la proyección, etc., como hemos visto en el primer volumen de esta colección.[1] Si la tensión es una realidad a nivel de los miembros de la Iglesia, es evidente que debe darse también a nivel comunitario. No obstante, el origen de las dificultades suele ser mucho más difícil de ubicar. El orgullo individual se magnifica al expresarse en forma comunitaria. Aun los problemas personales, cuando están referidos a las relaciones interpersonales dentro de la congregación, suelen ser mucho más complejos. De ahí la necesidad de describir las diversas situaciones que suelen darse en las congregaciones como si se tratara del análisis y radiografías para constatar la salud o la enfermedad de un paciente.

Nuestro objetivo no se agota en el intento de diagnóstico. Si así fuera, sólo lograríamos sumir a muchas personas en la angustia, en la frustración y, como consecuencia final, se produciría el conflicto espiritual y el alejamiento de Dios. Este capítulo va a describir la realidad de la Iglesia según la óptica de un pastor, pero será seguido por otro que presentará la terapéutica adecuada a cada situación. Emprendo esta tarea difícil con mucha humildad, tratando de compartir con el lector mis reflexiones y vivencias de un cuarto de siglo de ministerio cristiano y pleno ejercicio del asesoramiento pastoral.

Diagnóstico de la congregación local

Antes de intentar diagnosticar algunos de los males que afectan a la Iglesia de hoy vamos a presentar dos líneas de reflexión bíblica. La primera es básicamente teológica y se refiere a la naturaleza de la Iglesia en un marco teórico. La segunda, que es complementaria de la primera, es histórica y se refiere a los males concretos de la Iglesia que existían en las décadas que siguieron a la resurrección de Jesucristo y la experiencia de Pentecostés.

La primera línea de reflexión nos lleva al análisis de una de las imágenes de la Iglesia[2] que pone de manifiesto su falta de completamiento: la imagen del Templo de Dios. Tanto en 1 Corintios 3:9-17 como en Efesios 2:20-22 se presenta a la Iglesia como un edificio en proceso de construcción. Ambos pasajes son complementarios, pero Efesios revela una mayor madurez teológica por parte de Pablo. En Efesios 2:20 la palabra griega *akrogonaios* suele ser traducida "piedra angular". Esta traducción es muy cuestionada hoy; debería más bien traducirse "piedra que corona el edificio, terminación del templo". Para fundamentar la argumentación voy a presentar los puntos de vista de distinguidos teólogos, tanto protestantes como católicos. Entre los primeros, Joaquín Jeremías afirma: "Tanto Efesios 2:20 como 1 Pedro 2:4-5 describen la comunidad como un templo espiritual. Los apóstoles y profetas son el fundamento y Cristo es la piedra que mantiene unido todo el edificio y lo completa (Efesios 2:20 y siguientes".[3] Para Vischer, Jesucristo es ambas cosas: "La piedra angular y la piedra que corona el edificio".[4] Entre los teólogos católicos el padre Benoit opina así: "Debe entenderse que esa pieza suprema no espera en el aire a que los muros vengan a unirse a ella; pero está allá idealmente, en el espíritu del Arquitecto y es hacia ella que convergen realmente todas las líneas del edificio".[5] El padre Congar utiliza ambas interpretaciones del término *akrogonaios*: "La piedra angular o la piedra que corona el edificio".[6]

La Versión Moderna traduce Efesios 2:21 de la siguiente manera: "En el cual todo el edificio, bien trabado consigo mismo, va creciendo para ser un templo santo en el Señor". El verbo griego que se traduce "trabar" (*sunarmologueo*) aparece sólo en este pasaje del Nuevo Testamento. Es una palabra compuesta de la preposición *sun* (que significa con, juntamente con) y *harmologueo*. Sobre este verbo griego tomamos de Armitage Robinson la siguiente información: "En algunas inscripciones antiguas se presenta el elaborado proceso de ajustar y colocar las piedras durante la edificación. *Harmologueo* representa todo un elaborado proceso por el cual las piedras son ajustadas: la preparación de las superficies incluyendo el corte, pulimento y prueba; la preparación de las espigas y los huecos para los mismos y finalmente el ajuste con plomo derretido".[7] Una vez que conocemos el significado de *harmologueo* en la literatura griega podemos mejor comprender lo que Pablo quería decir con *sunarmologueo*, una palabra que posiblemente fue creada por él[8] y que utiliza sólo en Efesios 2:21 y en forma de participio para mostrar la idea de que la construcción del edificio continúa todavía.

Las anteriores reflexiones nos explican el porqué de las tensiones e imperfecciones de las congregaciones locales. Las piedras vivas que constituyen el templo espiritual de Dios (1 Pedro 2:5) tienen sus imperfecciones y algunas se han desmoronado dejando portillos en sus muros. Además, este templo está en proceso de edificación, y por lo tanto las deficiencias son evidentes. Pero con eso y todo, es el templo espiritual de Dios y todo cristiano debe contribuir a su edificación. Ese es uno de los propósitos de este libro. En una segunda línea de reflexión bíblica constatamos históricamente lo que a nivel de reflexión teológica ha presentado San Pablo: la Iglesia es imperfecta y tiene amplios sectores enfermos y enfermantes, que son ejemplos evidentes de la falta de completamiento de la vida nueva en Jesucristo. Ananías y Safira eran miembros reconocidos de la congregación de Jerusalén; sin embargo estaban más interesados en agradar a los hombres que a Dios (Hechos 5: 1-11). Se supone que entre cristianos se debe encontrar solución, en amor, a todos los conflictos. Sin embargo Pablo y Bernabé no lograron ponerse de acuerdo; no fueron capaces de mantener la unidad y cometieron el pecado de dividirse (Hechos 15:36-39). Hoy se crean nuevas denominaciones por las mismas causas. Pedro había comprendido que Dios no quería mantener separados a dos pueblos (dos denominaciones). Esta enseñanza la había recibido por revelación divina (Hechos 10:1-48). Sin embargo, ante los recién llegados de Jerusalén, muestra más lealtad a su "denominación" que a lo que Dios le ha revelado en forma tan especial, y San Pablo lo reprende con firmeza y públicamente (Gálatas 2:11-14). Uno se asombra de ver cómo hombres de los tiempos bíblicos podían actuar como lo hicieron inmediatamente después de haber vivido excelsas experiencias espirituales como la de Pentecostés (Jerusalén), la de Jope (Cesarea) y la del camino a

Damasco. Esto ocurre hoy como ayer. Y si examinamos las epístolas paulinas encontramos las divisiones que existían en la iglesia de Corinto por causa de la lealtad a personas antes que a Dios, divisiones que producían celos, contiendas y disensiones entre los creyentes (1 Corintios 3:1-9). En la misma iglesia se produjo un caso de inmoralidad sexual tan horrible que, según Pablo, "ni aun se nombra entre los gentiles; tanto que alguno tiene la mujer de su padre" (1 Corintios 5:1). Pablo tuvo que luchar contra líderes que se desviaban de la verdad en beneficio propio. Las cartas a las siete iglesias, en el libro del Apocalipsis, ponen de manifiesto la imperfección de estas comunidades cristianas. Más adelante veremos el caso de Diótrefes según aparece en la Tercera Epístola de San Juan.

Es interesante señalar que algunos cristianos tienen la tendencia a hacer lo que la Biblia no hace: esconder las fallas de la Iglesia. Alguien me dijo una vez que yo no debía mencionar los errores de la Iglesia porque eso abonaría el terreno para los que afirman que "la religión es el opio de los pueblos". Le respondí: "Eso me recuerda el caso de una señora que decidió no ir al médico por temor a que éste le dijera que padecía de cáncer. Fue al cabo de dos años, cuando la situación la forzó. Efectivamente, padecía de cáncer. Pero cuando se lo confirmaron nada se podía hacer: su cuerpo estaba minado por la enfermedad. El miedo a reconocer la enfermedad y a tener que someterse a una operación quirúrgica que afectaría sus atractivos femeninos y su estética, la animaron a conservar la enfermedad que la llevó a la muerte". Los cristianos no debemos hacer lo mismo que esta pobre señora. Es necesario reconocer las enfermedades y buscar, bajo la dirección del Espíritu Santo, la terapéutica adecuada.

Al intentar un *diagnóstico* de situaciones particulares en algunas congregaciones estamos internándonos en una selva difícil de transitar y con riesgo de caer en un pantano. No es posible hacer un diagnóstico válido, en forma absoluta, para ciertas congregaciones. Lo que podemos hacer es mostrar ciertas tendencias que acercan a congregaciones locales a una determinada tipología comunitaria. Igualmente a nivel individual resulta muy difícil encontrar un individuo que caiga exactamente dentro de los límites de una determinada tipología sicológica, pero todos tendemos a estar más cerca de una que de otra. Cuando arribemos a la parte terapéutica, en el segundo capítulo, tampoco ofreceremos soluciones simplistas y absolutas. Esta obra pretende ofrecer una orientación general; ayudar a abrir los ojos para ver ciertas dimensiones de la vida congregacional que suelen pasar desapercibidas; especialmente las causas profundas de algunos conflictos que afectan la vida de la Iglesia y le impiden cumplir su ministerio plenamente. Es evidente que los conflictos congregacionales estarán determinados por la calidad humana de sus integrantes y en forma especial de aquellos que tienen mayor capacidad para ejercer liderato. Una buena parte de la congregación se deja llevar por las personalidades más fuertes, lo cual sirve para acentuar la capacidad de liderato de algunas personas.

Una iglesia es un conjunto de personas que confiesan a Jesucristo como su Señor y Salvador personal, conservan sus características individuales distintivas, adoran juntos a Dios, interactúan entre sí a la luz del evangelio para el mutuo enriquecimiento, y colaboran con Dios para el logro de la redención de todo el hombre y de todos los hombres. Toda persona que se integra a una congregación cristiana lo hace porque necesita satisfacer necesidades personales. Es de esperar que estas necesidades sean predominantemente espirituales. La psicología de las motivaciones nos muestra cuán complejo es el mundo motivacional. Al lado de las necesidades espirituales hay muchos otros: afecto, seguridad, reconocimiento, *status*, prestigio, poder, etc. Algunas de estas necesidades son inconscientes y engañan hasta al mismo creyente. Cuando la necesidad básica no es la de lograr el completamiento humano según el modelo de Jesucristo, se manifiestan las otras disfrazadas de espiritualidad. Cuando las personas en cuestión tienen gran capacidad de liderato, la congregación puede ser distorsionada y conflictuada por la acción de estos líderes.

Análisis de los líderes en la iglesia local

Por lo general se cree que el concepto de líder es una creación del mundo moderno que no tiene nada que ver con el lenguaje bíblico. Los que así piensan están equivocados. Entre los dones carismáticos en la Iglesia-Cuerpo de Cristo aparece el carisma de *kybernesis* (1 Corintios 12:28). El significado original de este término es "*el arte de conducir una nave*". Luego líder es el que conduce tripulantes y pasajeros en su nave; es el responsable de la feliz navegación de todos y es el individuo en quien todos confían para que les lleve a puerto seguro. La traducción de *kybernesis* suele ser poco feliz en la mayoría de las versiones de la Biblia. Reconocemos la dificultad de traducir la palabra en 1 Corintios 12:28 por causa de su contexto. Los términos piloto o pilotaje, aunque estarían de acuerdo con el sentido literal, no nos daría una idea de lo que Pablo quería decir. El *kybernetes* (líder) es la persona con capacidad para conducir a un grupo y es reconocida como tal por aquellos que se dejan conducir por él. En otras palabras, es el patrón de una nave —grande o pequeña— a quien siguen todos aquellos que con él se embarcan. En Hechos 27:11 se utiliza el término *kybernetes* en el sentido literal: "Pero el centurión daba más crédito al piloto y al patrón de la nave, que a lo que Pablo decía". En Hechos 18:17 se utiliza en el sentido del concepto moderno de "líder". De todo lo expresado sobre *kybernesis* y *kybernetes* se podría concluir que una buena traducción de *kybernesis* en 1 Corintios 12:28 sería: "*los que ejercen el liderato*". La palabra griega está en plural; luego los dones para la conducción de una iglesia local son concedidos a varias personas y no son el monopolio de una sola. No es por casualidad que en esta obra el primer capítulo está dedicado a la congregación y después nos ocupamos del pastor.

El líder, sea piloto de una lancha o de una gigantesca nave de pasajeros, no sólo sabe manejar la nave: también conoce los mares por donde transita; sabe dónde está y hacia dónde va. Cuando por razón de aguas poco profundas parece ir en otra dirección, sabe porqué se conduce por donde va. El líder conoce el camino y sabe despertar confianza en aquellos que conduce. Es significativo el hecho de que desde tiempos de la Iglesia primitiva se ha utilizado la imagen de la Iglesia como una barca. Toda barca está destinada a conducir personas y necesita liderato; así es también la Iglesia. Del tipo de liderato que tengamos hoy dependerá en gran parte lo que la Iglesia será mañana.

Los líderes de la iglesia local podrían ser aproximados a una tipología general. En mi opinión los líderes que actúan dentro de las comunidades cristianas podrían ser clasificados así: líderes auténticos, líderes confundidos y líderes falsos.

El líder auténtico es alguien que ha tenido una experiencia personal con Jesucristo y por lo tanto lo toma en serio. Uno puede ser un líder auténtico[9] sin ser necesariamente cristiano, pero no podría ser un auténtico líder de la Iglesia. Uno puede ser un líder de la comunidad sociológica denominada iglesia, puede asistir a sus reuniones religiosas, sociales, etc., sin haber tenido una experiencia personal. Uno puede conocer mucho sobre el cristianismo sin ser necesariamente cristiano. Es el sentido de la presencia de Dios en nuestra vida cotidiana —no en una experiencia ocurrida hace treinta años— lo que hace de un líder común un auténtico líder cristiano. Es justo aclarar que al referirme a una experiencia personal con Jesucristo no quiero significar un tipo especial de encuentro con Dios. "Sin caer en fanatismo ni mojigatería, el cristiano debe buscar una vida de permanente comunión y dependencia divina. No obstante, es necesario tener presente que el encuentro con Dios es semejante a las huellas digitales: no hay dos que sean iguales. Muchos cristianos se sienten frustrados por no poder alcanzar el tipo de experiencia espiritual que desean [. . .]. Las bendiciones de Dios, como las nubes, nunca se presentan en la misma forma".[10]

El líder cristiano auténtico es alguien que conserva sus características individuales distintivas; que se acepta a sí mismo tal cual es: un pecador redimido. Por lo tanto no se autoengaña ni finge santidad ante los demás. Al mismo tiempo no se conforma con ser lo que es, ni con ser mejor que otros, se esfuerza, en Cristo, por alcanzar el completamiento de su condición humana según el modelo que Dios nos ha dado en la persona de Jesucristo. De estas reflexiones se desprende que la humildad es una característica indispensable en el líder cristiano, porque frente a su Modelo siempre está en déficit. Esta realidad no debe conducirle a la frustración[11] sino a la humildad. Por lo general resulta muy fácil predicar sobre la humildad, pero muy difícil ser humilde. Sólo mediante el quebrantamiento de nuestro orgullo, por la aceptación sincera de la distancia que existe entre lo que somos y lo que debemos ser según el modelo de Jesucristo, podemos llegar a ser humildes. El Señor nos invita: "Aprended de mí que soy manso y humilde de corazón" (Mateo 11:29). Y Pablo nos hace la misma exhortación en el capítulo segundo de su Epístola a los Filipenses.

El líder cristiano auténtico es alguien que adora a Dios junto con otros creyentes. Esta afirmación de mi definición de la Iglesia no excluye la vida devocional individual: la da por sentada. Al definir el hombre nuevo que necesitamos[12] presento siete características esenciales que deben darse en las personas que aspiren a alcanzar ese grado de realización humana bajo la dirección del Espíritu Santo. La segunda de ellas es: *"El hombre nuevo es alguien que ora"*. En cuatro páginas, del manuscrito original, sintetizo mis más recientes reflexiones y vivencias personales sobre este importante aspecto de la vida cristiana.[13] El culto a Dios en forma comunitaria es insustituible y el cultivo personal de las experiencias individuales es su complemento. El líder cristiano auténtico es un aspirante a la concreción del hombre nuevo (Jesucristo) en su propia vida. Por eso su vida espiritual se fortalece con el aislamiento y la comunicación con sus hermanos en la adoración. Ambos factores son la sístole y la diástole de la vida espiritual.

El líder cristiano auténtico interactúa con sus hermanos, a la luz del evangelio, para enriquecimiento de todos. La interacción en cualquier grupo humano es inevitable, pero ésta puede ser de signo positivo o negativo. Es por eso que se aclara que la interacción debe ser evangélicamente lúcida, es decir, a la luz del evangelio. Los líderes confundidos o falsos también interactúan en la congregación pero en forma negativa, como veremos más adelante. La interacción de signo positivo es un elemento terapéutico básico en la vida comunitaria. Eso lo veremos en el segundo capítulo. A través de ella los hermanos se enriquecen mutuamente. No hay mejor o peor sermón que aquel que se predica con el testimonio de la vida personal en forma continuada y palpable. Es muy conocida la respuesta que dio el filósofo R. W. Emerson a un predicador que le preguntó su parecer sobre el sermón que acababa de predicar: "Su vida habla tan alto que no me permitió escuchar lo que usted decía". Debo aclarar que al hablar de sermón no me refiero exclusivamente a las predicaciones verbales procedentes de un púlpito; sino también a los mensajes no verbales —y verbales— de nuestra vida cotidiana. Por lo general a los hermanos con los cuales interactuamos en la vida de la Iglesia les llega con mucha fuerza lo que hacemos y decimos informalmente; también les llega a aquellos que estando fuera de la Iglesia están en relación con nosotros. El cristiano es un permanente proclamador del evangelio a través de su interacción con otras personas. A través de ella el líder cristiano se enriquece enriqueciendo a los demás. Para que la interacción sea evangélicamente lúcida es necesario alcanzar una plena comprensión del evangelio y un crecimiento personal al nivel de esa comprensión. Estos dos factores escasean, lamentablemente, en algunas comunidades religiosas protestantes, donde el estudio de la Biblia está siendo paulatinamente abandonado, así como su lectura devocional.

Finalmente, el líder cristiano auténtico es alguien que colabora con Dios para el logro de la redención de todo el hombre y de todos los hombres.[14] La redención la realiza Dios; lo único que puede hacer el creyente es colaborar con su acción redentora. En el Nuevo Testamento se presenta la tensión entre los aspectos de la redención que se concretan inmediatamente como resultado de la fe en Cristo y el arrepentimiento de los pecados (redención vertical) y aquella que se refiere a la liberación histórica del ser humano de situaciones esclavizantes de la vida cotidiana (redención horizontal). Siempre que exista algo que impida o retarde la realización humana, la redención cristiana no se ha consumado. Aunque el creyente puede estar seguro de que a nivel vertical (la reconciliación con Dios, el perdón de los pecados y la seguridad de la vida eterna) la redención se ha consumado en su vida por la obra redentora de Jesucristo en la cruz del Calvario, de la cual se hace beneficiario a través de su fe y su arrepentimiento, en los aspectos horizontales (carencias afectivas, desequilibrio emocional, debilidades morales, problemas socio-económicos o políticos, etc.) es posible que la redención no se haya consumado plenamente en su vida. La redención cristiana es pues, al mismo tiempo, una escatología realizada y una escatología en curso de realización. El líder cristiano auténtico colabora con Dios (1 Corintios 3:9) en favor de la redención integral del ser humano. El énfasis exclusivo en la salvación del alma pertenece a la filosofía griega, no es cristiano. El evangelio apunta a la redención de todo el hombre y de todos los hombres.

Líderes confundidos

Los líderes que denominamos "confundidos" no son, necesariamente, malas personas; a veces son muy sinceros. Si supieran que están confundidos, dejarían de estarlo; como le pasó a Saulo de Tarso que a pesar de ser un líder religioso estuvo luchando contra Dios hasta que el testimonio de Esteban por un lado, y la obra de Dios por el otro, lo sacaron de su confusión. Fue entonces que se convirtió en un auténtico líder en el nombre de Dios.

Como Saulo de Tarso, los líderes confundidos de hoy (convencidos de que tienen el monopolio de la verdad y que como tales son instrumentos de Dios) son celosos guardadores de la ortodoxia, según su particular interpretación. Muchos evangélicos tradicionalmente han acusado a la Iglesia Católica Apostólica Romana de ser dogmática y absoluta en sus interpretaciones y de negar a sus feligreses la libertad para examinar e interpretar libremente las Sagradas Escrituras. Tal acusación se vuelve un bumerang para estas personas que por lo general son tan dogmáticas como la Iglesia de Roma, o más. Sobre todo ahora que los católicos están estudiando y distribuyendo las Escrituras.

Antes de entrar a analizar las distintas áreas de confusión es bueno aclarar que consideramos un líder a todo aquel que es capaz de influir sobre otros al extremo de alterar su comportamiento conduciéndolos por el camino de sus ideas y/o actitudes. Aun consideramos líderes a aquellos que logran reclutar seguidores aunque sea por corto tiempo. De lo que acabamos de decir se desprende lógicamente que un buen número de miembros de la iglesia local pueden ser considerados líderes.

Después de esbozar una definición de la Iglesia —al principio de este capítulo— hicimos notar el carácter utilitario, consciente o inconsciente, de la integración de las personas a la Iglesia. Se unen a ella porque la necesitan. Y no está mal que se beneficien si existe un adecuado equilibrio en la búsqueda de satisfacciones personales. El hombre ha sido creado con necesidades espirituales, sicológicas y materiales[15] y quien creó las necesidades ha provisto también los medios adecuados para su satisfacción. Más adelante, cuando intentemos hacer el "análisis" y las "radiografías" de la congregación nos referiremos a las necesidades sicológicas básicas. Al ocuparnos de la dimensión horizontal de la redención hemos señalado aspectos diferentes a la vida material del hombre incluidos en la redención. Es que Dios redime a hombres concretos y no a almas desencarnadas.

Ahora, al referirnos a las áreas de confusión, que son muchas, nos limitaremos a enunciar cinco de ellas sin hacer un análisis profundo: a) *Las características de la personalidad del líder* podrán contribuir a crear conflictos tanto en él como en otros miembros de la comunidad. Sus motivaciones conscientes o inconscientes determinarán su conducta y su influencia sobre los demás. b) *Las características sobresalientes de la personalidad de los demás miembros de la congregación* pueden contribuir a acentuar las dificultades de personalidad del líder. La congregación puede ser una comunidad enfermiza y enfermante o sana y terapéutica. Un líder enfermo puede enfermar a la comunidad y una comunidad enferma puede empeorar su situación. La comunidad puede aportar negativamente a sus líderes confundiéndolos. c) *El tipo de estructura eclesiástica* puede, o no, incentivar actitudes autocráticas y dictatoriales disfrazadas de piedad. d) *Los objetivos de la comunidad*, la comprensión de su razón de ser. e) *El medio socio-económico, cultural, etc. del líder*. Es evidente que la mayoría del pueblo evangélico latinoamericano no es de nivel secundario; sólo unos pocos tienen nivel universitario. Esta limitación a veces conduce a confusiones en cuanto a la interpretación de las Escrituras y su aplicación a ituaciones concretas de la vida comunitaria, sobre todo cuando esta área está en coincidencia con otras de las que he presentado.

De los cinco factores que hemos señalado no todos son necesariamente causantes de confusión. Por lo general es la coincidencia de varios de estos factores lo que contribuye a la confusión. Yo no creo, por ejemplo, que para ser un líder cristiano sea indispensable tener nivel secundario o universitario; aunque la persona en cuestión tendría mejores posibilidades de expresar su liderato con un buen nivel cultural. Recuerdo a Rosa Amelia Domínguez, una humilde mujer de mi pueblo natal, quien era líder en mi iglesia local cuando el Señor me llamó a la conversión. Yo tenía sólo dieciséis años y cursaba estudios de bachillerato. En algunas ocasiones en que el pastor estuvo ausente predicó Rosa Amelia. Eran muchas las palabras que pronunciaba mal, los errores sintácticos ocurrían uno tras otro. Pero lo que me impresionaba era la forma en que comunicaba el mensaje. Tenía tal humildad y sencillez, vivía una vida tan cerca de Dios, que se hacía merecedora del respeto y la admiración de todos. Todavía recuerdo el amor con que me hablaba y exhortaba a ser fiel al Señor. No me importaban sus disparates al hablar, porque su manera de vivir hablaba correcta y elocuentemente. Su falla estaba sólo a nivel del punto *e* de mi exposición. Pero esto no le impidió servir al Señor, aunque mucho más podría haber realizado con una buena educación.

Antes de referirnos a algunas de las manifestaciones concretas de liderato confundido, debo advertir que no tendría sentido que alguien se entretuviera en "identificar" a los personajes que presento. Tal labor sería estéril porque no me voy a referir a personas en particular. En mis veinticinco años de ministerio pastoral —diez de ellos en la Argentina— he conocido muchísimos líderes confundidos. He podido constatar que ciertas características se repiten de un país a otro y de una a otra congregación.

Veamos algunos tipos de líderes confundidos:

El autócrata

Este tipo de líder confunde, por lo general a nivel inconsciente, la letra *s* minúscula con la mayúscula en la palabra Señor. Así afirma: "El Señor me ha revelado, me ha dicho, dice, etc.", cuando realmente está expresando su propia ambición de autoridad, mando y reconocimiento por parte de los demás. Claro que no todos los que hacen afirmaciones semejantes son líderes confundidos. El Señor, con mayúscula, se manifiesta a sus hijos; pero hay que asegurarse de que no es el señor, con minúscula, el que se expresa. ¿Cómo establecer las diferencias? La Biblia dice: "Por sus frutos los conoceréis" (Mateo 7:16-20). Uno no puede separar lo que es de lo que hace; y lo que hace debe hacerlo porque es un siervo de Jesucristo, no un autócrata prepotente y orgulloso disfrazado de piedad.

Esta confusión reside en el área *a* de los problemas sicológicos del líder y se hace más grave cuando está en conjunción con el área de las limitaciones culturales. El sentimiento de inferioridad que tienen algunas personas por sus limitaciones intelectuales —sobre todo cuando participan de una congregación donde el nivel es superior al del líder— suele ser compensado, a nivel inconsciente, por expresiones de piedad que no siempre son auténticas. La situación se agrava para todos cuando en la congregación hay muchas personas que tienen la tendencia a someterse ante una personalidad fuerte (área *b*), cuando el tipo de estructura eclesiástica favorece la colocación "en el trono" de líderes autócratas (área *c*) y cuando la iglesia como comunidad carece de objetivos y su existencia es un fin en sí misma (área *d*).

Como hemos visto a mayor conjunción de factores, mayor gravedad del problema. Denominamos líder confundido a la persona que no es consciente de que motivaciones oscuras y profundas le mueven a actuar, por ejemplo, como autócrata. Cuando el líder toma conciencia de estos factores deja de ser un líder confundido y sólo tiene dos opciones: ser un líder auténtico o un líder falso. Mientras más cerca uno se encuentra de Dios más humilde se siente. Ante el Señor siempre estamos en situación deficitaria. El es nuestro modelo y estamos muy lejos de ser como El.

Los líderes autócratas se sienten muy gratificados porque hay muchos que los siguen, a veces ciegamente; pero también hay muchos que los rechazan violentamente, que los repelen y que en algunos casos los odian. Cuando hagamos el análisis de las motivaciones inconscientes de la sumisión y del antagonismo en la iglesia —más adelante en este capítulo— vamos a comprender con mayor exactitud todo lo que se mueve detrás de un líder autócrata.

El líder autócrata procura reconocimiento, autoridad y poder. La salud o la enfermedad de tal actitud está determinada por los objetivos que se procuran. El deseo de autoridad para ser utilizado adecuadamente para el engrandecimiento de la obra de Dios es adecuado y legítimo. Lo lamentable es que muchas veces la búsqueda del poder tiene como único objetivo —consciente o inconsciente— alcanzar fines de beneficio personal o el mero disfrute del poder. Es lamentable tener que reconocer la realidad de que, en algunas congregaciones, algunas elecciones que se supone deben estar presididas por el Espíritu Santo se han convertido en "batallas campales" por el poder, con desastrosas consecuencias para la congregación. El origen de la situación conflictiva está en un pequeño grupo de líderes autócratas que luchan entre sí por el poder, arrastrando a sus seguidores en una lucha entre hermanos estéril y sin sentido y opuesta a los objetivos del evangelio.

El antipastor

En el análisis de cada uno de los líderes confundidos debemos tener en cuenta las cinco áreas de confusión. No vamos a volver sobre ellas, como hicimos en el análisis del líder autócrata, pero el lector debe tenerlas siempre presentes. Al principio del capítulo señalamos los serios problemas pastorales que surgieron en la iglesia neotestamentaria, los cuales son planteados con toda honestidad como medio de alcanzar soluciones. Nos vamos a referir a Diótrefes, un líder antipastor que aparece en las páginas de la Biblia. El anciano, posiblemente San Juan, escribe a Gayo la Tercera Epístola de San Juan. Esta epístola fue escrita a fines del siglo I,[16] cuando la iglesia era dirigida por apóstoles y profetas que viajaban constantemente. Cada congregación tenía varios ancianos (presbíteros) que se ocupaban de las tareas pastorales. Diótrefes, aprovechando la ausencia de los líderes naturales de la iglesia, quiso apropiarse del poder. Al parecer Diótrefes presidió una asamblea de la congregación, donde la mayoría votó por no recibir a los predicadores enviados por el anciano. Pero una minoría, que no se sometió al antipastor, recibió a los predicadores, por lo cual fueron excomulgados por Diótrefes. Demetrio parece haber sido el jefe de los predicadores enviados por Juan, posiblemente en una segunda visita. Juan le pide a Gayo que reciba al grupo de predicadores itinerantes. Es posible que la carta haya sido llevada por el mismo Demetrio. Juan se refiere a la calidad humana y a la calidad de la fe de sus enviados. Habían dejado sus comodidades para embarcarse en una aventura de fe en servicio de Jesucristo y de su Iglesia.

¡Cuántos pastores en la iglesia de hoy han tenido que abandonar sus púlpitos por las insidias e intrigas de líderes confundidos! Llamamos confundido al líder que no está consciente de las oscuras motivaciones de su proceder. Cuando éstas son conscientes nos encontramos ante un líder falso. "Por sus frutos los conoceréis", dice el Señor, y los frutos de Juan son muy diferentes a los de Diótrefes. El líder auténtico destila amor. A pesar de ser una carta que necesariamente tenía que ser dura, en ella se expresa la dinámica del amor desde sus comienzos. Define a

Diótrefes de esta manera: "Le gusta tener el primer lugar entre ellos". En otras palabras, no busca reconocimiento para presidir la acción de la iglesia en el cumplimiento de su misión; su finalidad es sencillamente detentar el poder. Juan no utiliza la violencia contra Diótrefes, pero éste la usa contra sus opositores, expulsándolos de la iglesia. El que no está de acuerdo con él tiene que irse. Así actúan muchos Diótrefes en la Iglesia de hoy, lamentablemente.

Es una pena que la epístola no nos ofrezca más información de cómo el antipastor logró usurpar la dirección de esa comunidad cristiana. Podemos imaginar la técnica a la luz de la metodología que siguen los Diótrefes de hoy. Los pasos son los siguientes:

1. Busca una tesis que parezca razonable y justa que levantará como bandera para que otros lo sigan. El antilíder suele actuar con mucha cautela en esta primera etapa. En el caso de Diótrefes la tesis puede haber sido: "Nuestra congregación ya está suficientemente madura. No necesitamos de gente que venga de fuera". Explotando el regionalismo posiblemente consiguió los primeros seguidores.

2. Emprende una acción indirecta para evitar que los líderes naturales de la iglesia se pongan en guardia. A veces se sabe que existe cierto movimiento, pero no se sabe quién es la cabeza.

3. Una vez asegurado un grupo de seguidores —que casi siempre es una minoría— se prepara el golpe contando con que la mayoría es timorata o incapaz de darse cuenta de la intensidad del problema. A veces los líderes, con su nerviosismo, ofrecen armas a los conspiradores.

4. Una vez logrado el triunfo a través de una elección, o por otros medios menos democráticos, se procura neutralizar a la minoría que expresó su desacuerdo o sencillamente se les expulsa como hizo Diótrefes.

Cuando uno se encuentra ante una situación como la que hemos señalado es lógico preguntarse si se trata de un líder confundido o de un falso líder. Como ya hemos señalado el líder falso actúa premeditada y conscientemente, mientras que el líder confundido es víctima de su propia confusión.

El criticón

Sin pretender usurpar el lugar del líder o pastor, el criticón subraya siempre la nota negativa. Lo positivo parece no interesarle. El estribillo de algunos criticones es: "La iglesia no hace nada". Por lo general los que tal cosa afirman lo único que hacen es criticar como si ellos mismos no fueran la iglesia. Si usted, que lee estas páginas, tiene esa tendencia, supongo que no será tan ingenuo como para creer que es perfecto en el ser y en el hacer. ¿Cómo esperar que los demás que con usted integran la iglesia sean y hagan lo que usted no es ni hace?

Volviendo a la comparación de la Iglesia de hoy con la del Nuevo Testamento; recordemos que Jesús fundó una Iglesia diminuta con gente imperfecta. No reclutó a sus más cercanos colaboradores de entre los "separados", de entre los fariseos que trataban de ser perfectos, a excepción de Saulo de Tarso. De los doce escogidos originalmente: uno fue un traidor, otro un cobarde que lo negó, dos eran ambiciosos que esperaban los principales puestos en el reino que esperaban inauguraría de inmediato (Marcos 10:35-41); el resto le abandonó cuando estaba en peligro de muerte. Pero a pesar de todo, Jesucristo les amó y dio su vida en la cruz para salvarlos a ellos y a nosotros. La iglesia original, la que pastoreó directamente el Señor, es semejante a las iglesias que El pastorea hoy a través del Espíritu Santo. Las críticas que se pueden hacer hoy a cualquier congregación se podrían hacer también a la que estaba integrada por Pedro, Santiago, Juan, Judas, etc. La iglesia tiene futuro en el mundo no por sus componentes sino por su Pastor. Si Jesucristo no fuera quien es, y si el Espíritu Santo no vitalizara la Iglesia como lo ha estado haciendo, ésta no habría sobrevivido al evento del Calvario. Debemos recordar que la iglesia timorata y enfermiza que pastoreó Jesús en la primera mitad del siglo I de nuestra era, fue curada por el Espíritu Santo y se convirtió en una iglesia gloriosa que hizo posible que el evangelio se extendiera hasta lo último de la tierra (Hechos 1:8). La iglesia enferma de hoy será curada, como la de ayer, por la terapia del Espíritu y no por las críticas.

El hereje

Usamos el término hereje, no en su sentido peyorativo, sino en el del concepto bíblico de *hairesis*, de análisis parcial o sectario. La herejía no consiste en afirmar algo contrario a la verdad; significa "posar la lupa" sobre una parte de la verdad, magnificarla e ignorar el resto de la misma.

El hereje está confundido en el área *e* de la lista que hemos presentado. Es decir, una serie de factores culturales, familiares, etc. determinan su comprensión de su misión.

La redención cristiana es inclusiva: se ocupa de la totalidad del hombre y de la humanidad. Se puede posar la lupa en la dimensión vertical y afirmar: "La misión de la iglesia consiste sólo en salvar las almas y asegurarles la entrada al cielo". También se puede posar la lupa en algún aspecto de redención horizontal y pretender convertir el evangelio en activismo social. La Iglesia de hoy se ve a veces polarizada por grupos que entienden su misión de manera diferente.[17]

Podríamos incluir otros tipos de líderes confundidos, no agotamos el tema; pero a los efectos de clarificar las causas de ciertas situaciones congregacionales que crean serios problemas comunitarios y pastorales, hemos cumplido con el lector.

Para terminar nuestras reflexiones sobre los líderes confundidos es indispensable aclarar que sólo se trata de una aproximación a situaciones reales que se producen en las congregaciones por causa de la falta, entre sus miembros, del completamiento de la condición humana según el modelo de Jesucristo. No es fácil encontrar personas que podamos encasillar con exactitud dentro de los límites de la tipología que hemos presentado, que no es exhaustiva. Pero muchos cristianos se acercan bastante a algunos de los tipos que hemos presentado.

Líderes falsos

En forma indirecta nos hemos referido a los líderes falsos al hacer consideraciones sobre los líderes confundidos. Una persona puede ser un falso líder de la iglesia cuando las confusiones que hemos analizado no son confusiones; por el contrario, está consciente de sus objetivos de realización personal, sin un real interés en la Iglesia y su mensaje redentor. Y hay falsos líderes que, sin pretender objetivos de autorealización, se valen de la plataforma, el capital humano y el prestigio que le otorga el ser un líder cristiano para difundir una determinada ideología política. Fingiendo ser siervos de Jesucristo son apóstoles[18] de intereses o de ideales que están en pugna con el mensaje cristiano.

Hay mucha ingenuidad entre los cristianos. Más de uno que parece ser un líder auténtico o que toleramos porque nos parece confundido son realmente falsos líderes, lobos disfrazados de ovejas. Ante tal situación tenemos que reconocer con Pablo: "Porque por ahí andan muchos, de los cuales os dije muchas veces, y aun ahora lo digo llorando, que son enemigos de la cruz de Cristo; el fin de los cuales será perdición, cuyo Dios es el vientre, y cuya gloria es su vergüenza; que sólo piensan en lo terrenal" (Filipenses 3: 18-19).

Análisis de la membresía de la iglesia local

La fiebre no es una enfermedad: es una señal de alarma

que nos dice que el cuerpo está siendo atacado por un mal y que éste se defiende. Cuando se llama al médico, éste interroga al paciente para descubrir otros síntomas que le puedan conducir al diagnóstico provisional correcto. Para comprobar la exactitud de su diagnóstico, por lo general ordena radiografías, análisis y, en fin, lo que se estime necesario para lograr la comprobación de su diagnóstico provisional.

La Iglesia está afiebrada, síntoma de que está siendo atacada por uno o varios males. Es que vive en un mundo contaminado por la violencia, el odio, la deshumanización, el hambre, la subversión, la antisubversión, el mal uso de drogas, la disolución creciente de la familia, las perversiones sexuales, los crímenes, el egoísmo, la prepotencia, la explotación, etc. La Iglesia, igual que una buena madre, no puede darse el lujo de acostarse porque se siente mal cuando tiene a toda su familia en grave estado y en peligro de muerte. La humanidad está enferma. La Iglesia está afiebrada pero, aun así, es la única esperanza para la familia humana. En el próximo capítulo veremos cómo la Iglesia puede y debe eliminar su fiebre y cumplir a plenitud la tarea de enfermera saludable de la familia humana, trabajando con el amor de una madre.

No hace falta ser un especialista para ponerle el termómetro a un paciente. Cualquiera que se lo proponga podrá tomarle la temperatura a cualquier congregación local. No me propongo presentar una tipología exhaustivamente analizada; ni siquiera voy a intentar buscar las causas del mal, como hice con los líderes que denominamos "confundidos". Me voy a limitar a enumerar algunas temperaturas que son síntomas de anormalidad en la vida de algunos creyentes. La fiebre, he dicho, no es en sí la enfermedad, sino el anuncio de su presencia. ¿Por qué existen cristianos que, como las golondrinas, tienen necesidad de mudarse de iglesia con frecuencia? ¿Por qué hay otros a los cuales les fascina la intriga? ¿Por qué a algunos les encanta el chisme? ¿O no pueden vencer su susceptibilidad, orgullo, celos, fallas morales? ¿Por qué algunos creyentes son arrogantes mientras que otros son humildes? ¿Por qué algunos son colaboradores y otros siempre llevan la contra? ¿Por qué algunos son trabajadores y otros indiferentes? ¿Por qué unos son optimistas y otros pesimistas? ¿Por qué unos oran y leen sus Biblias y otros no lo hacen? ¿Por qué algunos son amados y otros mantenidos a cierta distancia?

Los problemas son evidentes, no nos conformaremos con reconocer la existencia de la fiebre, trataremos de descubrir las causas de ésta y otros males. Trataremos de analizar a la congregación a partir de las fuerzas sicológicas que determinan nuestra conducta. Muchas veces se confunden los problemas emocionales con los espirituales. Muchas veces se requiere resolver primero los problemas emocionales para después propiciar el crecimiento espiritual.

Antes de iniciar el análisis debo reconocer que éste es necesariamente parcial. Es sicoteológico. Un examen exhaustivo con "radiografías y análisis" del mundo en que vivimos, donde la Iglesia está inmersa, requeriría otros tipos de investigación (por ejemplo, el análisis de la comunidad desde el punto de vista sociológico, económico, político, cultural, educacional, de salud física). Sería muy útil un trabajo en equipo para analizar una comunidad cristiana desde ópticas diferentes y complementarias dentro del contexto en que desarrolla sus actividades.

El análisis que vamos a hacer es eminentemente sicológico y tiene como objetivo comprobar las incidencias de los problemas emocionales en la vida de fe y relaciones interpersonales en la congregación. A continuación presentamos un diagrama que nos servirá para concentrar y clarificar la exposición que nos permitirá comprender las motivaciones ocultas de la personalidad humana:

DINAMICAS DE LA PERSONA (Determinantes de la Conducta)

- **Historia personal**
  - Actitud ante los padres
    - Rebelde
    - Sumiso
    } Actitudes de vida → Lucha permanente / Dependencia / Ambivalencia
  - Actitud ante los hermanos
    - Rivales → Antagonismo → Iglesia fría
    - Compañeros → Apareamiento → Iglesia acogedora y fraternal

- **Necesidades sico-espirituales básicas**
  - Seguridad
  - Afecto
  - Reconocimiento de su singularidad y valor
  - Perdón

- **Tensión fundamental**
  - Pecado
  - Imagen de Dios

- **Principios ético-morales**
  - Educación (Normas, valores recibidos de los padres u otras personas)
  - Temor ante el mundo hostil
  - Comprensión de la realidad
  - Comprensión de sí mismo

El anterior esquema nos va a servir para clarificar este capítulo y el próximo. Llamo *dinámicas de la persona* a cuatro fuerzas[19] que determinan el comportamiento de todo individuo. Estas fuerzas no están claramente delimitadas y actúan en forma diferente en cada ser humano, expresándose con mayor o menor vigor en cada uno e interactuando en las formas más diversas que uno puede concebir.

La historia personal: actitud hacia los padres

He colocado en primer lugar la historia personal del individuo porque es la base fundamental de la personalidad. Cuando el niño nace se encuentra en un mundo hostil. Ha salido de un lugar paradisíaco, de absoluto reposo, oscuridad y calor para, de repente, encontrarse ante torturadoras luces, ruidos extraños y nuevos estímulos. El niño llora y tendrá que volver a llorar muchas veces a lo largo de su existencia. Pronto se da cuenta de que hay dos gigantes que se interesan por él, especialmente la madre de quien depende y de la cual, en cierta forma sigue formando parte. No tiene todavía conciencia de su yo, de su independencia con relación al ser gigantesco del cual ha salido. Según el esquema freudiano el Complejo de Edipo surge antes de la consolidación del yo. La criatura suele inclinarse hacia el progenitor del sexo opuesto en quien encuentra gratificación; al mismo tiempo rechaza al del propio sexo como rival. Ya en esa etapa primitiva del desarrollo humano aparece la tensión fundamental entre lo agradable y lo desagradable, el bien y el mal, Dios y Satanás. Freud consideró a la religión como una neurosis obsesiva de origen infantil.[20] Todos los seres humanos somos un poco neuróticos. Freud no fue la excepción. Todos tenemos un marco referencial inconsciente que nos permite reaccionar coherentemente frente a las dificultades y enigmas que la vida nos plantea. Cuando los jovencitos se enfrentan con los conflictos de la pubertad-adolescencia, la situación que se plantea por la presencia de la crisis o por su represión requiere una solución adecuada para evitar que deje huellas que puedan afectar la convivencia con otras personas. Especialmente nos interesa subrayar la incidencia de las dificultades en las relaciones interpersonales en las congregaciones cristianas. La lucha con los padres por alcanzar la propia identidad puede ser fijada y transferida al Padre celestial, y crear actitudes ateístas militantes. La militancia, el sentido de "cruzada contra la superstición", pone de manifiesto las motivaciones emocionales de la acción supuestamente racional. Estas personas creen manejarse con esquemas básicamente racionales, pero están racionalizando.[21] Los que no experimentan la rebeldía de la adolescencia, los que se someten, pueden fijar una actitud de sumisión que se manifiesta en las tendencias de su personalidad. El varón se casará con una mujer dominante y la mujer procurará un marido de carácter fuerte a quien obedecerá en todos sus caprichos. Este es el tipo de persona que en la iglesia se somete a un líder autócrata y se siente "agradecido" al pastor que le da "palos espirituales" desde el púlpito. Ambas partes "disfrutan" de esos sermones condenatorios y se produce, a veces, una relación enfermiza pastor-feligrés. El pastor sadista siente la necesidad de golpear y el creyente masoquista la de ser golpeado. Los dos se satisfacen y además se asegura una buena asistencia al culto. Y en la puerta del templo: un fuerte apretón de manos, o un abrazo, y las emocionadas palabras: "Gracias, pastor, por su mensaje, que me ha sido de gran bendición". Claro que no siempre que se hace tal afirmación estamos en presencia de una relación enfermiza. Muchas veces es una relación terapéutica por la obra del Espíritu Santo.

En algunas personas no se supera la crisis. Pero ni la lucha ni la dependencia alcanzan la victoria, y permanecen ambas actitudes. Así surge la ambivalencia.[22] En el esquema que vamos siguiendo en el desarrollo de estas ideas, vemos una correlación entre *lucha permanente* y *racionalismo*, entre *dependencia* y *fe* y entre *ambivalencia* y *duda*.[23] Debemos aclarar que sencillamente estamos tratando de describir las situaciones (que hemos vivido en nuestra experiencia pastoral) con la misma objetividad que un especialista hace una radiografía o un análisis de sangre. No pretendo ser infalible en mi análisis crítico de situaciones pastorales concretas; sencillamente reflexiono sobre la iglesia de hoy en perspectiva pastoral.

Hay quienes afirman que "los trapos sucios se lavan en casa". Con ese argumento se pretende ocultar las fallas de la familia para presentarse ante los demás con una máscara que oculta la verdad. Sabemos que "Dios no puede ser burlado; pues todo lo que el hombre sembrare, eso también segará" (Gálatas 5:7). El mundo utiliza esa filosofía de vida donde lo que cuenta es la apariencia, pero la Iglesia de Jesucristo no debe imitarlo. No debemos seguir al Señor por caminos de hipocresía. Yo creo, de todo corazón, en la afirmación del Credo Apostólico: "Creo en la Santa Iglesia Católica (o Universal)". Creo en la santidad de la Iglesia porque es vivificada y sostenida por el Espíritu Santo a pesar del pecado de algunos cristianos. Si así no lo creyera no sería un ministro de Jesucristo, ni predicaría el evangelio. Pero creo que es pecado idealizar a la Iglesia al extremo de no reconocer los errores de algunos de sus miembros. La Iglesia está afiebrada, pero ese es síntoma de que tiene vida y de que alienta la esperanza de ser restaurada para ser enfermera del mundo. La Iglesia debe tener fe en sí misma, porque Jesucristo es su Señor y porque el Espíritu Santo es una realidad. Pero no debe esconder sus fallas, debe confesarlas y eliminarlas para alcanzar por la gracia de Dios, el completamiento de la condición humana según el modelo de su Señor.

Historia personal: actitud hacia los hermanos

Mucho se ha escrito sobre las tensiones entre hermanos

movidas por los celos y la intención de monopolizar el afecto de los padres. No vamos a ocuparnos del tema en profundidad. Nos vamos a contentar con el señalamiento de que la Biblia nos presenta un amplio muestrario de este tipo de conflicto humano: Caín y Abel, Jacob y Esaú, José y sus hermanos mayores, el hijo pródigo y su hermano mayor, etc. En todos estos casos prevalece la rivalidad, los celos y el resentimiento entre los hermanos. Esa es una etapa normal en el desarrollo humano. El niño normal parece egoísta, pero no lo es. Sencillamente está afirmando su personalidad. Se encuentra en un momento de su desarrollo síquico en que necesita afirmar su yo. No presta sus juguetes y trata de sacárselos a otros chicos; todo *"es mío"* para el niño. En el fondo lo que necesita es afirmarse y por lo tanto no admite competencia.

La necesidad de afecto es tan importante para el niño como el oxígeno para poder vivir. Si no está dispuesto a compartir un juguete mucho menos va a aceptar compartir sus padres. Los celos son inevitables en una etapa de la maduración del niño. Esta etapa crítica comienza a ser superada cuando el niño toma plena conciencia de su ser y se inicia el proceso de socialización. El problema debe resolverse normalmente junto con la crisis de la pubertad-adolescencia, cuando la identidad propia queda claramente definida y se alcanza cierto grado de madurez, lo cual asegura relaciones interpersonales adultas a todos los niveles. Lo triste, en muchos casos, es que esta rivalidad entre hermanos no se supera y queda fijada como una actitud de vida. Entonces el antagonismo, el llevar la contra, llega a formar parte de la personalidad del individuo. ¡Cuántas de estas personas encontramos en las congregaciones cristianas!

He conocido unos pocos casos en que coexisten en la historia personal la rebeldía —con causa o sin ella— para con los padres y el antagonismo para con los hermanos. En algunos casos de personas supuestamente normales no sólo existe rencor para su padre, aunque haya fallecido, y para sus hermanos. Su agresividad se ha convertido en una actitud de vida que se manifiesta en sus relaciones interpersonales.

En una iglesia donde fui pastor durante varios años, tuve una experiencia que jamás podré olvidar. Dos matrimonios nuevos se integraron a la congregación provenientes del interior del país. Al poco tiempo, y en la misma semana, hice sendas visitas pastorales a estas familias. Una de ellas estaba encantada. No podía imaginarse que en la capital, donde se supone que la gente es fría, existieran hermanos tan fraternales (una familia de la iglesia les había invitado a cenar, otra les había visitado). Los cultos les habían inspirado mucho. En fin, se sentían parte de la congregación y agradecidos al Señor por haber descubierto nuestra congregación.

Para mi sorpresa encontré una actitud opuesta en el otro matrimonio. También los habían invitado a cenar, pero en la opinión de este matrimonio su anfitriona no era "muy espiritual" porque trató con rudeza a uno de sus hijos. Esta familia los sacó a pasear para mostrarles la ciudad. Sobre esto los recién llegados hicieron el siguiente comentario: "Ellos son unos 'estirados'. Lo que querían era lucirse porque habían comprado un coche nuevo". (Los hermanos que los habían invitado los habían conocido en la iglesia y sólo quisieron tener una atención con ellos por ser personas nuevas.) Además dijeron que mi congregación no era "espiritual", porque el templo permanecía cerrado la mayor parte del tiempo mientras las "almas se perdían", y la gente "no adoraba al Señor con unción".

Como creo que en estos casos lo único que podemos hacer es orar para que Dios, en su misericordia, actúe en forma especial (y por nuestra parte ayudar a las personas conflictuadas a encontrarse con su realidad), me decidí a hacer la parte mía y a colocar a esta familia en mi lista de oración. "¿Cómo era la iglesia de donde provienen?", les pregunté. La señora hizo una narración muy larga que no vale la pena repetir. Era lo que hemos denominado "cristiano golondrina"; había pasado por varias denominaciones y en todos lados encontraba defectos. Le conté una ilustración que escuché en un sermón. Se trataba de un hombre que le gustaba criticar a los demás. Un día visitó a un amigo y le dijo que su esposa debía ser más cuidadosa de la higiene de la casa pues había sentido olor a queso podrido. Lo mismo había dicho a otras personas. Por fin alguien tomó un espejo y se lo puso delante para que se diera cuenta de que el queso podrido lo tenía en el bigote.

Para no usar demasiado espacio resumiré las motivaciones inconscientes de esta persona. Se había peleado con su padre y hasta había acudido a los tribunales en una disputa con él por motivo de la herencia cuando falleció su madre. Además, estaba peleada con su único hermano. En un caso así sólo la gracia de Dios puede salvar a una persona de la esclavitud del resentimiento. Le ayudó mucho ponerle delante el espejo para que se diera cuenta de que el mal no estaba en los demás sino en ella misma.

La Biblia también nos presenta casos de hermanos donde predominaba la actitud de vida que denominamos *apareamiento*. Es una actitud en que uno se siente para con otro en una relación de amor, comprensión y mutuo apoyo. Es lo normal en toda persona adulta. Para limitarnos al Nuevo Testamento recordemos que lo primero que hizo Andrés al encontrarse con Jesucristo fue buscar a su hermano Simón para contarle su experiencia personal a fin de que su hermano pudiera recibir la misma bendición: el encuentro con el Señor (Juan 1:41). Parecería que, a pesar de los defectos que hemos señalado en el primer núcleo de la iglesia que fundó Jesús, nuestro Señor se esforzó para que el grupo inicial tuviera una buena base de salud mental. Los hijos de Zebedeo fueron llamados cuando estaban *apareados*, trabajando juntos. Es significativo que aquellos que fueron llamados a convertirse en "pescadores de hombres" eran pescadores y constituían dos parejas de hermanos bien avenidos. Jacobo y Juan estaban tan identificados que no disputaban entre sí. Deseaban realizarse como líderes, pero con una mentalidad que no estaba de acuerdo con los propósitos del Reino.[24] Lo que deseo ahora señalar es el acuerdo, la falta de pugna, entre los dos hermanos. Formaban una unidad familiar cerrada y los diez discípulos restantes fueron los que se sintieron perjudicados y enojados (Marcos 10:41).

Las personas que han logrado vencer sus luchas infantiles con sus hermanos y son capaces de actuar como adultos desarrollan actitudes de vida que se caracterizan por el apareamiento con sus hermanos en la fe. Se produce una verdadera fraternidad bajo el señorío de Jesucristo, fraternidad que ofrece a la iglesia las mejores posibilidades para cumplir la misión que su Señor le ha encomendado. Las personas que más trabajo me han dado, en mi experiencia pastoral, son aquellas que han tenido problemas con sus padres y con sus hermanos carnales. Claro que el mensaje redentor de Jesucristo es para todos los hombres; la semilla del evangelio se siembra en los cuatro tipos de terrenos (Marcos 13:1-9).

Las necesidades sicológica-espirituales básicas

La segunda fuerza[25] determinante de nuestra conducta congregacional es la que se relaciona con la calidad y cantidad de alimentos recibido para satisfacer el hambre sico-espiritual.

La seguridad y el afecto son necesidades sicológicas básicas que están profundamente imbricadas. Nos sentimos seguros porque somos amados; y cuando en nuestro contexto familiar somos amados, nos sentimos seguros junto a seres que nos aprecian y nos reconocen. El recién nacido necesita tanto del amor como del alimento. Se sabe de bebitos abandonados por sus padres que han caído en estado de marasmo y han muerto casi disecados a pesar de disponer de todo el alimento que necesitan. Durante toda la vida necesitamos alimento material, pero también necesitamos del amor como el alimento espiritual por excelencia. En el amor a Dios, a sí mismo y al prójimo se resume toda la ley y los profetas (Mateo 22:34-40). Toda la revelación divina se concreta en el amor, porque Dios mismo es amor (1 Juan 4:8). De ahí la necesidad de afecto que tiene el ser humano que ha sido creado a imagen y semejanza de Dios.

Cada ser humano es único, como sus huellas digitales. Esa singularidad debe ser respetada. Cada persona aspira a ser sí misma, a ser auténtica, y en la familia se debe propiciar esa posibilidad sin descuidar la adecuada educación e instrucción.

Cada persona necesita perdón, por cuanto todas hemos cometido faltas. A veces los creyentes aceptan intelectualmente que Dios les ha perdonado sus pecados, pero son incapaces de perdonarse a sí mismos por lo que han hecho. Esta situación suele crear situaciones difíciles en la congregación. A veces la falta de alguien en quien poder confiar para confesarle un pecado, en la seguridad de que guardarán el secreto, produce serios trastornos. Recuerdo el caso de una señora que había arruinado la vida de toda su familia y creado divisiones en su iglesia. Cuando me confesó que veinticinco años antes le había sido infiel a su marido comenzó a gritar: "Por fin, por fin se lo pude decir a alguien". Según su relato, un año después de su casamiento fue a ver a un profesional porque muy pocas veces lograba arribar al orgasmo. Este lo convenció de que era normal y que el problema lo tenía su marido. "Era muy joven e inexperta y sin saber cómo", me dijo, "cedí ante la sugerencia del profesional de demostrarme prácticamente que yo era normal". Comprobó que el médico tenía razón, pero el asunto no terminó en una demostración práctica. Continuó por algo más de un año. Ello provocó tantos problemas que su marido decidió mudarse a otra ciudad. Al perder el contacto con su amante nunca más volvió a ser infiel a su marido. Pero se sentía culpable e indigna de su marido. Vivía en la angustia de sentirse pecadora. Habían pasado más de veinte años de la ruptura con su amante y todavía carecía de paz, a pesar de que creía que Dios la había perdonado.

El ser humano necesita una auténtica relación con Dios. El hombre es religioso por naturaleza[26] y no hallará descanso para su alma hasta que ésta descanse en Dios, para lo cual a veces es indispensable una adecuada acción pastoral previa. El encuentro con Dios tiene, entre otros, una importante acción terapéutica.

Tensión fundamental

En todo ser humano existe una tensión fundamental por encontrarse en él dos fuerzas contradictorias en pugna: el pecado y la imagen de Dios.[27] Esta tensión es inevitable, aunque en algunas personas es menos perceptible que en otras.

El pecado nos viene ya en ciertas tendencias que uno recibe como herencia racial: el pecado de nuestros mayores o pecado original. El contacto con el mundo pervertido nos lleva a veces a acciones incorrectas en nuestra niñez, antes de haber arribado a un esquema moral ni haber concebido la idea de pecado. El sentimiento de culpa a veces suele surgir como una reacción en cadena cuando acciones o situaciones evocan esa acción del pasado infantil, aun cuando no se haya cometido la falta moral. El pecado es un compañero tan inevitable como la sombra cuando caminamos bajo los rayos del sol. En nuestro peregrinar por los caminos del mundo debemos contar con ese compañero desagradable y a la vez inevitable. La misma Palabra de Dios dice: "Por cuanto todos pecaron" (Romanos 3:23); "si decimos que no tenemos pecado, nos engañamos a nosotros mismos, y la verdad no está en nosotros. [. . .] Si decimos que no hemos pecado, lo hacemos a él mentiroso, y su palabra no está en nosotros" (1 Juan 1:8,

10). Afortunadamente no sólo existe el pecado. Dios ha provisto los medios para liberarnos de su acción perturbadora. Eso lo veremos en el próximo capítulo.

Además del pecado, en cada ser humano —creyente o incrédulo— está presente la imagen de Dios, que se expresa en la esencia moral del ser humano y la necesidad de un absoluto al cual serle fiel. Esa realidad está presente en todos por decisión divina (Génesis 1:26-27).

Los principios ético-morales de una atmósfera cristiana

Esta cuarta dinámica, como las anteriores, no actúa en la misma forma en todas las personas, ni en una persona con la misma fuerza en las distintas épocas de su existencia.

Además de la esencia moral que nos viene de la imagen de Dios, todos hemos recibido una educación. Por lo tanto todo ser humano tiene metas, normas y valores que están determinados por estas dos orientaciones: la que nos viene por naturaleza y la recibida por educación.

Igualmente todos, en alguna forma, sentimos temor ante un mundo que nos es hostil en forma creciente. No es fácil comprender la compleja realidad en que nos ha tocado vivir. La comprensión de uno mismo es un paso fundamental para lograr comprender la realidad circundante.

Capítulo 2
La iglesia
como comunidad
terapéutica

En el capítulo anterior utilizamos la imagen de la Iglesia como madre enferma-enfermera. No debemos avergonzarnos de que nuestra congregación local pueda estar afiebrada. Eso es símbolo de vida; los cadáveres son los que siempre están fríos. En todo ser humano hay elementos salutíferos y enfermantes en pugna por prevalecer. Así también en la Iglesia. La salud y la enfermedad son dos variables que se han dado en todo individuo, y en toda iglesia local, en algunos momentos de su existencia. Por otro lado, nuestro Señor nos dice: "Los sanos no tienen necesidad de médico, sino los enfermos. [. . .] No he venido a llamar justos, sino a pecadores, al arrepentimiento" (Mateo 9:12-13).

Algunos cristianos parecerían pretender mantener la absoluta división Iglesia-mundo como antípodas de la realidad humana en nuestro planeta. No todos los que están en la Iglesia son los "buenos", ni tampoco todos los que están fuera son los "malos". Una idealización de la Iglesia, que impida verla en toda su humanidad, y un menosprecio arrogante por los que están fuera, no contribuyen a que el cristiano se ubique adecuadamente en la

realidad para cumplir la misión para la cual Dios lo ha colocado en el mundo.

El concepto de Iglesia enferma-enfermera del mundo nos conducirá, por la gracia de Dios, a nuestra propia salud y a la salvación del mundo. Es evidente que la tarea restauradora de la Iglesia debe estar movida por el amor, como la madre enferma vela por sus hijos en estado de gravedad. Si bien reconocemos que la enfermedad de la Iglesia es una realidad histórica, se ha presentado con mayor intensidad en distintas etapas de su existencia. No debemos perder la perspectiva de que las personas que cometen faltas dentro de la iglesia las cometerían peores si estuvieran fuera. Aunque encontramos casos excepcionales, como el que Pablo menciona en 1 Corintios 5, que se salen de lo común, en muchas otras instituciones humanas que no vamos a mencionar, pero que el lector puede suponer, encontramos fallas terribles. El cristiano que ha nacido de nuevo trata de agradar a Dios y cuenta con fuerzas que provienen del Espíritu Santo que le permiten resistir las acechanzas del mal. Pero los incrédulos no cuentan con esas energías espirituales. De ahí la gravedad de las enfermedades que se contraen en el mundo. Como una ilustración de la frivolidad y la anemia moral creciente en amplios sectores de nuestro "mundo civilizado", voy a presentar un caso que de ninguna manera ocurriría teniendo como protagonista a un cristiano nacido de nuevo en Jesucristo.

Un pastor recibe la visita de una dama que le ha solicitado una entrevista:

Visitante: Aprecio mucho que me haya recibido aun sin conocerme. Este hecho me hace pensar que usted se interesa por la gente y que podré esperar una buena orientación de su parte.

Pastor: Ciertamente estoy en la mejor disposición de ayudar, a la medida de mis posibilidades. Creo que eso es lo que se debe esperar de un ministro cristiano. . . ¿No es cierto?

Visitante: Sí, aunque no todos son lo que se espera que sean.

Pastor: Creo que los dos estaremos de acuerdo en que todos los ministros cristianos somos seres humanos y no dioses. Pero me parece que en este momento es más importante centrar nuestra atención en la orientación que usted espera de mí, según lo expresó hace unos instantes. La escucho con mucho interés.

Visitante: Sí, a eso he venido, pero me cuesta comenzar.

Pastor: Espero que usted no vea en mí al juez que la va a condenar; sino a la persona que la va a acompañar para tratar de encontrar una salida adecuada a su necesidad. El hecho de que haya escogido hablar con un pastor supone que usted espera que seamos tres los que peregrinemos en pos de una salida. No tengo que decirle quién es la tercera persona, ¿verdad?

Visitante: Justo por eso he venido a verle. Usted reúne dos dimensiones complementarias: la psicología y la religión, que le permitirán ayudarme. Pero. . . estoy dando vueltas y no voy al centro de mi problema. . . (silencio).

Pastor: ¿Cómo podré ayudarla si no me confía el problema?

Visitante: Bueno, se lo voy a contar. Me siento muy triste y angustiada. Me tengo asco. No tengo respeto por mí misma. Ojalá tuviera valor para suicidarme. . . (silencio).

Pastor: Comprendo que usted se siente angustiada y triste, pero. . . algo debe haber ocurrido para que se sienta tan mal.

Visitante: No tengo el derecho a afirmar que mi marido tiene la culpa, porque si yo hubiera sido una mujer decente me habría opuesto a hacer semejante cosa. Soy despreciable, soy cualquier cosa. . . (llanto).

Pastor: ¿Realmente cree que usted tiene toda la culpa?

Visitante: ¡No! El es un buen pajarón. El aceptó jugar a

las llaves porque quería estar con otra mujer. Me ha desilu-
sionado. Me contaron que cuando hicieron el sorteo de las
llaves a él le tocó venir conmigo y exigió que se hiciera un
nuevo sorteo... ¡El quería ir con otra y no conmigo!

Pastor: ¿Cómo supo que su marido exigió un segundo
sorteo?

Visitante: Me lo dijo el chico que le tocó acostarse conmigo. Me lo dijo después que habíamos consumado la relación. Me sentí terriblemente mal. Entonces le pregunté
quién le había tocado a mi marido. Al enterarme me sentí
aún peor. Soy una porquería. Jamás debí dejarme convencer a participar de ese juego diabólico, sucio, inmoral.

Pastor: ¿Cómo fue que la convencieron: alcohol, drogas?

Visitante: ¡No! Si hubiera sido por un medio como el que
usted sugiere no me sentiría tan mal. Fue un convenci-
miento racional. Se trata de una barra de amigos. Todos
nos casamos más o menos por la misma época, un par de
años de diferencia a lo sumo. Varias veces, en jarana, mi
marido se refirió a lo interesante que sería jugar a las llaves
con un grupo de matrimonios amigos. Me contó que un
compañero de oficina y su esposa habían jugado y les
había ido muy bien. Nunca me pasó por la mente que yo
podría prestarme a semejante cosa. Parece que fue el
demonio el que lo preparó todo. Cuatro matrimonios decidimos ir juntos a la playa por unos días. Nos hospedamos
en el mismo piso de un hotel: después me enteré que las
reservaciones habían sido hechas mucho tiempo atrás. Fue
allí donde se desarrolló el infierno que me consume. Un
miembro del grupo, el que me tocó en el sorteo, trajo el
libro *El matrimonio moderno* de Wilhelm Stekel. Leyó
algunos párrafos donde el autor se refiere a matrimonios
múltiples. Después cuando leí el libro me di cuenta que
su interpretación de Stekel no era la correcta. Este hombre
es el ideólogo y ejecutor de mi desgracia con la complicidad de mi marido. El decía que debíamos ser jóvenes
liberados, que no deberíamos colocar barreras a nuestros

instintos sexuales que por naturaleza son polígamos, etc. Según él, la felicidad del Barón de Humboldt residió en que le dio libertad a su mujer a acostarse con quien le gustara durante sus largos viajes exploratorios. Dijo que debíamos actuar como seres inteligentes sin dejarnos impresionar por costumbres arcaicas como la fidelidad conyugal y el matrimonio monogámico. Eso es una estupidez, dijo. . . Entonces comenzó mi desgracia cuando dijo: "Propongo que las cuatro damas se vayan cada una a su dormitorio. Los hombres sortearemos las llaves, y un rato después cada uno abrirá la puerta del dormitorio que le haya tocado en suerte". Casi todos estaban de acuerdo. Yo miraba a mi marido que permanecía callado. Me quedé helada cuando él dijo: "Estoy de acuerdo. ¿Acaso no somos los ocho buenos amigos? ¿Por qué no compartir nuestras intimidades? "

Actué según lo que esperaban de mí que fuera: una "mujer liberada". Todo pasó sin palabras, vertiginosamente. Pero después me sentí mal. Me sentí culpable. Tuve asco de mí; me produje náuseas a mí misma. Le rogué al que me había tocado que se marchara, pero él respondió que el convenio era por toda la noche y que no tenía sentido que me quedara sola y que él no podía ir a su dormitorio. Me enojé y le exigí que saliera. El no me podía comprender y se reía cínicamente. Me dijo ciertas cosas que hirieron profundamente mi dignidad de mujer. Pero en cierta manera él tenía razón. Yo me había comprometido a hacer el juego. Por fin logré convencerlo y se marchó. Después me sentí peor. Por lo menos estando con él tenía alguien con quien discutir. Me sentí terriblemente sola y con dos preguntas martillando sobre mi mente: ¿Por qué mi marido me ha hecho esto? ¿Qué estará haciendo? Cuando él llegó no pudo comprender por qué yo estaba hecha un mar de lágrimas. Ese mismo día regresamos a la Capital. Dígame pastor. . . ¿Cómo puedo sacarme el asco que me tengo?

Es evidente que los problemas sicológicos y la corrupción moral se producen con mayor intensidad y cantidad fuera de la Iglesia. En el núcleo de toda neurosis está entronizado el pecado. No es posible violar la natural integridad moral del ser humano, que procede de la imagen de Dios que está presente en todo ser humano, sin dañar la personalidad toda. El cristiano sabe que "la paga del pecado es muerte, mas la dádiva de Dios es vida eterna en Cristo Jesús Señor nuestro" (Romanos 6:23). Bajo el impacto de la Palabra de Dios y los recursos de la fe, el creyente procura liberarse de los efectos esclavizantes del pecado.

La Iglesia, aunque está afiebrada, está en condiciones de ofrecer el medicamento que necesita el mundo moribundo. En el caso de la señora que hemos mencionado, la aceptación de Jesucristo como Señor y Salvador y el auténtico arrepentimiento condujo a la seguridad del perdón y a la liberación de la angustia y la desesperación para dar paso a la gratitud al Señor y al intento de comenzar una nueva vida bajo el señorío de Jesucristo. Casos como este se presentan a diario en todo el mundo. Mediante el culto, los sacramentos, la predicación, el asesoramiento pastoral, el testimonio, la literatura, la Iglesia está ejerciendo su ministerio terapéutico a la maltrecha humanidad.

El rol de los líderes locales en la terapéutica congregacional

En el capítulo anterior definimos a la congregación local como "un conjunto de personas que confiesan a Jesucristo como su Señor y Salvador personal, conservan sus características individuales distintivas, adoran juntos a Dios, interactúan entre sí a la luz del evangelio para el mutuo enriquecimiento, y colaboran con Dios para el logro de la redención de todo el hombre y de todos los hombres". Como lo prometí en el capítulo anterior, volvemos sobre el tema de la labor que realiza el líder cristiano auténtico al interactuar a la luz del evangelio con los demás miembros de la comunidad de fe. La interacción de signo positivo, por parte de los líderes de la congregación es semejante a la estructura de hormigón que hace posible la seguridad de un edificio. De ahí la urgente necesidad de un mayor crecimiento personal de los que ejercen liderato cristiano.

Hemos señalado que la Iglesia está afiebrada, afirmación que es válida a nivel universal y aplicable a las congregaciones locales en algunos momentos de su existencia. He prometido referirme a "cómo la Iglesia puede y debe eliminar su fiebre y cumplir a plenitud la tarea de enfermera saludable de la familia humana, trabajando con el amor de una madre". La fiebre de la iglesia suele ser causada por los propios líderes de la congregación local. Recuérdese que consideramos un líder a todo aquel que es capaz de influir sobre otros al extremo de alterar su conducta. Como en los derrumbes de los edificios, el mal está en la estructura sustentadora que resulta incapaz de soportar tanto peso. El líder puede realizar una interacción de signo negativo o de signo positivo. Cuando ocurre lo primero la fiebre afecta a todo el cuerpo.

Cuando Pablo se refiere a la Iglesia como el cuerpo de Cristo no está utilizando una mera figura del lenguaje: está presentando lo que para él era una realidad espiritual. Todo miembro tiene una función que cumplir en el cuerpo. El líder cristiano no debe utilizar los dones que Dios le ha concedido para su beneficio personal, porque estos le han sido otorgados para servir a los demás, para la edificación del cuerpo de Cristo. Mucho se ha discutido sobre el origen del concepto paulino del cuerpo de Cristo.[28] Cualquiera que éste sea, no debemos olvidar que se trata de una imagen que señala hacia una realidad concreta. Pablo sabía, como nosotros, que hay personas en las congregaciones locales cuya incidencia en las actitudes y decisiones de la comunidad es prácticamente nula. En toda congregación hay líderes y seguidores. Los que afectan la vida de la iglesia son los primeros, y pueden realizar una acción enfermante o salutífera sobre la comunidad. La Primera Epístola a los Corintios es un mensaje pastoral a una iglesia enferma. En su capítulo doce Pablo incluye por primera vez la imagen de la Iglesia como cuerpo de Cristo. Pablo al escribir seguramente estaba pensando en los líderes de la comunidad. Porque son ellos los que tienen la facultad de enfermar o sanar a todo el cuerpo: "si un miembro padece, todos los miembros se duelen con él. . ." (1 Corintios 12:26). No vamos a discutir si el concepto de miembro en San Pablo tiene o no un sentido grupal, de núcleos alrededor de ciertos líderes (como las células y los tejidos diferentes que integran a cada miembro del cuerpo humano). La realidad de nuestras congregaciones nos muestra las cualidades enfermantes o salutíferas de los líderes de la comunidad. También nos muestra la escasa incidencia sobre la congregación del comportamiento de algunos de sus integrantes que no son líderes.

Cuando la congregación tiene un serio problema a través de uno de sus líderes, éste no puede ser objetivizado porque envuelve a toda la iglesia. Dicho de otra manera, casi nunca decimos: "Tengo un dolor en el pie izquierdo". Casi siempre decimos: "Me duele el pie izquierdo". Hay un sentido corporativo y solidario del cuerpo, tanto en la salud como en la enfermedad. Esto es tan válido en el cuerpo humano como en la Iglesia. Si uno tiene una infección en un dedo del pie se pone en movimiento todo un ejército para defender, no sólo el dedo, sino la totalidad del cuerpo. Si la infección es grave el cuerpo produce fiebre. Esta fiebre es una demostración palpable de la batalla que todo el cuerpo está librando para defender a uno de sus miembros y al mismo tiempo mantener su integridad y existencia. Igualmente los problemas graves de los líderes de la comunidad afectan a toda la Iglesia y ésta se siente fatigada, tensa, afiebrada. Lo que es válido para los elementos enfermantes lo es también para los factores salutíferos; cuando alguien se entrega en un beso de amor no experimenta sólo una agradable sensación en la boca, sino en la totalidad de su ser: alma, mente y cuerpo.

Sea o no válida la aplicación de la imagen de la Iglesia como cuerpo de Cristo a los líderes como miembros salutíferos o enfermantes de la congregación local, les aplicaremos el capítulo de 1 Corintios siguiente. En 1 Corintios 13 se presenta la antinomia hombre maduro-infante. Esta idea es desarrollada en Efesios 4:13, donde se aclara que el hombre maduro, completo, íntegro, no es otro que Jesucristo, modelo para ser imitado por todo creyente. En la vida de todo ser humano, líder o no, se da la permanente tensión entre el infante y el adulto a lo largo de toda su existencia. Hay ciertas características del infante que son normales: capacidad de comportamiento limitado a pocas expresiones, actitud más bien pasiva frente a la actividad adulta, actitud de dependencia con relación a otras personas, intereses confusos y vagos, aceptación de un rol subordinado en la familia y en la sociedad y carencias de un adecuado autoconocimiento. Estas características dejan de ser normales cuando se manifiestan en forma predominante en la persona grande, la que suponemos adulta. Cuando todas se concentran en un solo individuo nos encontramos con alguien que está incapacitado para ejercer el liderato en cualquiera de sus formas, con alguien que necesariamente es un seguidor de otro.

Si bien no es necesario que todos los miembros de la congregación sean líderes destacados, es indispensable que todos aprendan a ser adultos. El adulto posee la plasticidad como para comportarse en formas muy diferentes según lo requieran las circunstancias; el infante está predeterminado por las pocas formas que conoce. El adulto logra alcanzar una capacidad creciente de actividad creativa; el infante tiende a la pasividad cuando de creatividad se trata. El adulto logra alcanzar un adecuado nivel de independencia con relación a los demás; el infante es siempre dependiente. El adulto aspira a realizarse como persona y a ocupar una posición igual o superior a sus iguales; el infante acepta su subordinación.

La antinomia adulto-infante aparece en San Pablo con características bien definidas. Tanto en 1 Corintios 13:11 como en Efesios 4:14 la versión Reina-Valera utiliza el término niño, debo explicar por qué prefiero referirme al infante por oposición al adulto. En ambos pasajes bíblicos Pablo utiliza el término *nepios*, que es una palabra griega compuesta de *ne* y *eipon*, que literalmente significa "no habla", aplicado a los infantes por oposición al hombre adulto. En el caso de 1 Corintios 13:11 el *nepios* es capaz de balbucear algunas palabras: "Cuando yo era un infante, hablaba, razonaba y juzgaba como lo hace un infante, pero cuando llegué a ser hombre abandoné la actitud infantil" (versión personal). En 1 Corintios 13:10 hay una enigmática alusión a "cuando venga lo que es perfecto". A través de los siglos se ha dado a este pasaje las más diversas interpretaciones. Todo parece indicar que se refiere a la antinomia adulto-infante; es decir, se refiere al hombre perfecto según la intención de Dios. Si esto es así podría dividirse 1 Corintios 13 en dos partes. Los versículos 1 al 8 se refieren al hombre maduro que debe ser cada creyente a través del amor, y del 9 al 13 se presenta la realidad del hombre que no ha alcanzado el completamiento de su condición humana según el modelo que Dios nos ha dado en la persona de Jesucristo. Es significativa la coincidencia de los términos *nepios* (bebito), *teleiós* (acabado, terminado, completo, íntegro) y *anér* (varón, hombre, marido) en 1 Corintios 13 y Efesios 4. Llama la atención que en ambos pasajes Pablo utiliza el término *anér* en forma única en sus epístolas.[29] También en forma única se combinan los términos *anér* y *teleiós* en 1 Corintios 13:10, 11 y Efesios 4:13. Alguien podría afirmar que Pablo utiliza el término *anér* que tiene el sentido restrictivo de varón o marido y no el de *anthropos*,[30] que significa hombre en el sentido genérico, porque se está refiriendo a sí mismo. Si así fuera, ¿cómo explicar el uso de *anthropos* en 1 Corintios 7:7: "Quisiera más bien que todos los hombres fuesen como yo..."?

El adulto cristiano es aquel capaz de tener paciencia (1 Corintios 13:4). En un pasaje paralelo el autor de la epístola de Santiago afirma que la paciencia perfecta conduce al creyente a la perfección. Aquí se utiliza el término *teleiós* tanto para la integridad de la paciencia como para el completamiento de la humanidad del creyente (Santiago 1:4). La palabra paciencia engloba muchas de las cualidades del cristiano perfecto —el hombre maduro en Cristo (*anér teleiós*) al cual Pablo hace referencia en Efesios 4:13— que son enumeradas en 1 Corintios 13. Además, el ministerio de nuestro Señor es un claro ejemplo de las características del hombre nuevo. Por eso nos dice: "Sed plenamente hombres [*teleiós*] como Dios es plenamente Dios [*teleiós*]" (Mateo 5:48 en versión personal). El líder cristiano debe perfeccionarse en el amor. Si no lo logra afiebrará a la Iglesia con sus actitudes.

No voy a realizar un profundo trabajo exegético sobre 1 Corintios 13 pues necesitaríamos mucho espacio. Me voy a limitar a señalar algunas de las características fundamentales del líder cristiano para cumplir una misión salutífera en la congregación local. El hombre maduro en el amor de Cristo es paciente frente a las situaciones conflictivas que se presentan en la vida congregacional. ¿Qué queremos decir con eso? Vamos a reflexionar sobre 1 Corintios 13:4, versículo muy rico en contenido. La versión *Dios llega al hombre* lo traduce así: "*El que tiene amor, tiene paciencia*". Muy diferente es la versión de Reina-Valera: "*El amor es sufrido*". Nácar Colunga traduce: "*La caridad es paciente*". Ante tal diversidad de versiones es lógico que el lector se pregunte, ¿y qué es lo que dice la lengua original? La traducción no es fácil. El amor "*makrothymei*", dice. En esa palabra griega está el secreto del significado. Se trata de la tercera persona singular de un verbo que expresa la acción del amor. Este verbo está compuesto por dos palabras: *makrós*, que quiere decir largo (referente a espacio), lejos, distante, remoto; y *thymós*, que quiere decir pasión fuerte, emoción, ira. Luego *makrothymei* significaría, aproximadamente, estar distante de los arrebatos emocionales, ejercer el dominio propio.[31] El amor produce en el líder cristiano la madurez que le permite actuar de esa manera. El ejercicio de este tipo de paciencia en su forma más pura conduce a la perfección humana, como hemos visto en Santiago 1:4.

El segundo verbo que aparece en 1 Corintios 13:4 como acción concreta del amor bien podría traducirse "ser bondadoso". El amor lo hace a uno bondadoso como señal de nuestra madurez. El líder cristiano contribuye a la salud de su congregación a través del amor. Debemos aclarar que no nos estamos refiriendo al amor en una perspectiva humanista, sino al primero de los dones del Espíritu Santo (Gálatas 5:22). Si hiciéramos un estudio sicológico de los más crueles tiranos que existen sobre nuestro planeta, se llegaría a la conclusión de que esos personajes son emocionalmente inmaduros. Por eso son tan crueles; por eso no pueden tener rasgos de bondad. Son infantes que se han convertido en personas grandes. A nivel intelectual suelen ser muy despiertos, pero dormidos a nivel emocional. Cuando nos acercamos a ese hombre según la medida de la estatura de Jesucristo (Efesios 4:13) crecemos hacia la bondad de Jesucristo.

Después de presentar dos verbos en forma positiva para mostrar la acción del amor, San Pablo nos muestra otras fuerzas que no proceden del amor, y lo hace a través de otros siete verbos. No debemos olvidar que esta carta está dirigida a una iglesia muy afiebrada. En Corinto había todo tipo de problemas: divisiones alrededor de líderes diferentes (capítulo 3), un grave caso de inmoralidad (capítulo 5), diferencias de opinión sobre el matrimonio (capítulo 7), tensiones con relación a la carne sacrificada a los ídolos (capítulo 8), abusos en la Santa Cena (capítulo 11), tensiones por causa del don de lenguas (capítulo 14) y diferencias de opinión sobre la resurección de los muertos (capítulo 15). Los líderes de la iglesia de Corinto debían cumplir una misión salutífera para sanar la congregación de todos sus males. Los dos verbos que hemos considerado hasta ahora son la acción directa del amor. Los siete verbos que vamos a considerar muy someramente constituyen la fuerza y la acción del mal contra el cual luchan las fuerzas del amor.

La iglesia de Corinto estaba afiebrada y la enfermedad era causada por sus propios líderes. Las causas del mal eran: la envidia, la jactancia, el envanecimiento, lo indecoroso, la búsqueda de prebendas, la irritación, el rencor y el gozo en la injusticia. Reina-Valera traduce estos verbos como si fueran sustantivos, nos hemos limitado a repetir las palabras de Reina-Valera.

Después de los dos verbos que muestran la acción terapéutica del amor de Dios y de los siete que muestran la acción enfermante del pecado que había en la iglesia de Corinto, San Pablo presenta otros cuatro verbos que muestran la acción del amor ante las fuerzas del pecado. Según la traducción de Reina-Valera: "El amor todo lo sufre, todo lo cree, todo lo espera, todo lo soporta" (versículo 7).

Como nos interesa resaltar la dinámica terapéutica del amor que se expresa en la congregación especialmente por la identificación de sus líderes con el espíritu de Cristo y con Dios —que según 1 Juan 4:8 es amor—, me voy a detener en estos cuatro verbos. El primero es mucho más rico que el verbo "sufrir" (Reina-Valera). Significa originalmente cubrir (como con un techo), proteger, cubrir con el silencio (guardar un secreto), sostener a alguien, mantenerse firme, resistir. Quizás lo que Pablo quería decir es que: *"el amor aguanta cualquier cosa"*, es decir, yo puedo resistir las situaciones más dificultosas si me siento amado. El amor humano puede sostener a una persona en medio del sufrimiento porque se siente amado y porque ama a sus seres queridos. Pero cuando el creyente experimenta el amor de Dios, puede resistir cualquier situación, aguantar cualquier cosa. A través de los siglos millones de cristianos se han enfrentado a situaciones angustiosas y han aguantado bajo la dinámica del amor de Dios. Pablo no escribe esta epístola en un esquema conceptual, no pretende resumir un tratado de ética, se está refiriendo a la situación concreta de la congregación de Corinto. Cuando Pablo dice el amor *panta stegei* (todo lo aguanta) se refiere a las tensiones existentes por falta de amor que hacían que unos cristianos se sintieran distantes de otros. El verbo *stego* también expresa la idea de techar, cubrir bajo un mismo techo. Sólo el amor puede cubrir bajo un mismo techo, en la familia de Dios, a personas que sostienen opiniones divergentes. Pablo está mostrando a los líderes de la iglesia en Corinto el remedio para curar a su congregación, para hacer desaparecer la fiebre símbolo de su enfermedad espiritual.

El segundo y el tercer verbo no tienen mayor complicación en lo que a la traducción se refiere. El amor "todo lo cree, todo lo espera". Se refieren a la actitud optimista que debe tener la Iglesia frente a los problemas que la embargan. El amor engendra tanto la fe como la esperanza. Luego la Iglesia debe confiar en que las dificultades serán vencidas. Esta idea es central en Pablo y le sirve para resumir todo el capítulo: "Y ahora permanecen la fe, la esperanza y el amor, estos tres; pero el mayor de ellos es el amor" (13:13).

El cuarto verbo, "todo lo soporta", es muy similar al primero. Resulta difícil establecer claras líneas de demarcación entre ellos. Significa permanecer, perseverar, resistir.

Antes de entrar a considerar la actitud infantil, por oposición a la adulta, Pablo hace una última referencia al amor afirmando que éste "nunca deja de ser". Ciertamente el amor es la única virtud teologal que el hombre puede compartir con Dios. No es lógico pensar de Dios como un ser que tiene fe o esperanza, virtudes básicamente humanas. Todo acabará con el tiempo, pero el amor permanecerá.

Si dejamos atrás a Corinto y posamos la lámpara de nuestra atención sobre otra iglesia urbana, de su ciudad o de la mía, nos encontraremos con la misma realidad: la escasez de un auténtico amor por la obra de Dios, por el prójimo y por sí mismo de una buena parte de los líderes de la iglesia. Donde falta el amor encontramos una iglesia afiebrada. El amor es la mayor fuerza terapéutica que existe; es la mayor contribución de la iglesia a la salud mental de la humanidad, junto con el perdón de Dios y el nuestro.

Un síntoma infalible de la deficiencia afectiva, capaz de enfermar a la Iglesia, es el predominio del interés por la posición social sobre el cumplimiento de roles por parte de algunos líderes de la iglesia. ¡Cuántos líderes trabajaban contentos en sus comunidades de creyentes mientras ocupaban "puestos importantes" y dejaron de hacerlo al no ser reelectos! Realmente el interés estaba en el prestigio y la dignidad que implicaba el puesto. Por el contrario el líder cristiano que se siente inundado por el amor de Dios cumple su papel de ministro de Jesucristo aunque no disfrute de la distinción de un "cargo eclesiástico". Hay algunos creyentes que se echan a perder cuando son elegidos para un puesto. Eran capaces de cumplir deberes, pero una vez enfermos por la ambición de prestigio son incapaces de cumplir su ministerio. Un líder cristiano me dijo en una ocasión: "Si deseas conocer a Pedrito dale un carguito". El origen del mal está en la falta de amor en sus tres dimensiones: Dios, el prójimo y uno mismo. Al hombre natural, evidentemente, le gusta más el prestigio, el figurar, que el cumplimiento del deber. Cuando uno vive en el

Espíritu de Cristo y está impregnado en su amor, alcanza la madurez suficiente para poder continuar cumpliendo con el deber, aun cuando haya perdido posición social.

El amor, como fruto del Espíritu Santo, es la prueba de la calidad del liderato. La presencia o la ausencia del amor pone en evidencia si somos líderes cristianos auténticos, confundidos o falsos. Las palabras con que Jesús designó a los líderes que escogió no se refieren a posición social sino a tareas. El Señor nos ha llamado básicamente para *hacer* y no sólo para *ser* personajes importantes y distinguidos. Si somos líderes lo somos porque hacemos. El énfasis de la imagen de la Iglesia como una vid, en San Juan 15, está en la fructificación. El líder cristiano que, como la higuera, desea mantener su posición sin desempeñar su papel, se secará espiritualmente y enfermará a la Iglesia (véase Mateo 21:18-22).

Algunos líderes de la iglesia, que perdieron o no su rango, hoy están fuera de las congregaciones. Han caído en una actitud crítica e individualista. Pretenden ser fieles al Señor fuera del cuerpo de Cristo, lo cual es imposible. Una mano separada del cuerpo deja de ser mano para convertirse en masa putrefacta y maloliente y, finalmente, en polvo de la tierra. Igualmente el cristiano no puede serlo a cabalidad separado de una comunidad de creyentes. La lealtad a Jesucristo le conduce necesariamente a la integración en comunidad. Una persona que se había separado de la iglesia por tensiones con otras personas en una ocasión me dijo: "No voy a la iglesia porque ella está llena de hipócritas. No necesito asistir al culto para ser cristiana". La falta de amor era evidente, no sólo por lo que decía sino por la forma despectiva y autosuficiente en que se expresaba. Le dije: "No tiene sentido que comencemos a discutir el asunto. Sólo hay dos posibilidades: o usted tiene razón o está equivocada". La persona reafirmó que ella tenía toda la razón y entonces le dije: "Si usted tiene razón su deber es volver a su congregación para cumplir su ministerio salutífero. Porque esa iglesia llena de hipócritas es la misma que fundó su Señor y el mío. Esa iglesia es la última esperanza que le queda a la humanidad". Se quedó muy impresionada más por la forma que por la profundidad de lo que le dije. Después le pregunté: "¿Acaso no conocía Jesús la naturaleza humana de los discípulos que escogió? ¿No dijo El que los sanos no necesitan de médico sino los enfermos? Es evidente que la supuesta hipocresía de la gente de la iglesia —que bien puede ser una impresión subjetiva de nuestra parte y no una realidad— no justifica el incumplimiento del papel que el Señor ha dado a cada cristiano: el de ministro de la Palabra. No siempre las personas que, como esta dama, creen tener motivos muy lógicos para sus actitudes se dan cuenta de las causas profundas de su enfermedad. Les falta amor, les falta el Espíritu de Cristo, motor y generador del amor que necesita toda persona que desee ser un auténtico líder cristiano.

Al referirme a la falta de amor como una enfermedad no estoy exagerando la nota. La incapacidad para amar es una evidencia de inmadurez emocional que incapacita al individuo para mantener relaciones interpersonales significativas y prolongadas. Todo ser humano desea y necesita ser amado, y sólo lo consigue plenamente aquel que es capaz de amar. Hay inflación afectiva en el mercado mundial del amor; mucha es la demanda y la oferta escasea. Gracias damos a Dios que nos ama con su inmenso amor. Gracias al Espíritu Santo que por su presencia nos impulsa a amar como lógica consecuencia de su presencia. Al amar somos amados y nuestra vida cobra sentido.

Naturaleza terapéutica de la fe cristiana

Ya nos hemos referido a dos enormes fuerzas terapéuticas que forman parte esencial del mensaje y la fe cristiana: el amor y el perdón. La naturaleza de la fe cristiana es esencialmente terapéutica, porque tiene suficiente poder como para corregir algunas malas formaciones de la personalidad por deficiencias afectivas que son reemplazadas por el amor de Dios y el amor entre los miembros de la familia de la fe.

Deseo aclarar que no es mi intención presentar la vida cúltica y fraternal de la iglesia como una forma de terapia sicológica. La fe cristiana no es una oferta al mundo neurótico de hoy al lado o por encima de escuelas sicoterapéuticas. El cristianismo no es una escuela sicoterapéutica, pero es evidente que la acción redentora de Dios se aplica a la totalidad de la persona y de la comunidad que la recibe; las necesidades sicológicas no son una excepción. El esquema que presento a continuación es complementario del que aparece en el capítulo anterior:

Historia personal: encuentro con Dios como padre

Al analizar la relación con los padres me referí a la tensión rebeldía-sumisión, y el predominio de uno de los factores de este binomio ha sido analizado en el capítulo anterior. Dicho predominio, hemos visto, afecta la vida posterior del individuo. En algunas personas la extrema sumisión o rebeldía conduce a expresiones religiosas o antirreligiosas básicamente neuróticas. Hay una íntima relación entre ambas posiciones extremas y las dos son enfermizas. La tensión padre-hijo[32] es una posible fuente generadora de un ateísmo inmaduro y enfermizo. En la pedagogía divina los padres juegan un papel fundamental ya que El los constituye en modelo y punto de partida de la relación padre-Dios, que permite a los hijos encontrarse, en una relación adulta, con el Dios-padre.

Es muy conocida la tesis freudiana de que la religión es una neurosis obsesiva de origen infantil. El ser humano se llena de temor frente a la prepotencia de la naturaleza y fervientemente desea volver a ser pequeño para gozar de la protección de un padre todopoderoso. Así, afirma Freud, en una actitud regresiva, surge la idea de Dios-padre. Reconocemos los grandes valores del aporte freudiano a

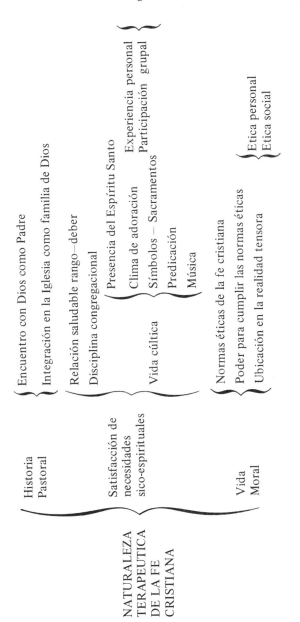

NATURALEZA
TERAPEUTICA
DE LA FE
CRISTIANA

Historia
Pastoral

- Encuentro con Dios como Padre
- Integración en la Iglesia como familia de Dios

Satisfacción de
necesidades
sico-espirituales

- Relación saludable rango—deber
- Disciplina congregacional
- Vida cúltica
  - Presencia del Espíritu Santo
  - Clima de adoración
    - Experiencia personal
    - Participación grupal
  - Símbolos – Sacramentos
  - Predicación
  - Música

Vida
Moral

- Normas éticas de la fe cristiana
- Poder para cumplir las normas éticas
- Ubicación en la realidad tensora
  - Etica personal
  - Etica social

la psicología, pero cuando este autor se pone a filosofar, sin bases adecuadas de sustentación, es demasiado mediocre. Si Freud hubiera tenido tiempo de investigar sobre la vida religiosa del pueblo al cual pertenecía, se habría dado cuenta de su error. El pueblo de Israel no tenía la costumbre de referirse a Dios como padre individual. Difícilmente un judío habría utilizado ese calificativo para referirse a Dios. La elección de Israel como primogénito de Jehová tiene sus raíces en la experiencia histórica de este pueblo: "Cuando Israel era muchacho, yo lo amé y de Egipto llamé a mi hijo" (Oseas 11:1). Es Jesucristo el que nos revela esa tremenda dimensión de Dios como padre, no ya de un pueblo sino también de cada uno de los individuos que lo integra. En el Antiguo Testamento sólo 15 veces se hace referencia a Dios como padre; por el contrario, en los cuatro Evangelios este concepto aparece 170 veces. Jesús actúa en forma diferente a como lo haría un judío fiel a las tradiciones de su pueblo. Se refiere a Dios como *mi Padre* nada menos que 25 veces en las narraciones evangélicas que han llegado hasta nosotros. Aun se podría discutir si la oración que Jesús enseñó a sus discípulos es el *padre nuestro*, el *padre mío*[33] o ambos. Lo importante es reconocer que Jesucristo, sin fomentar el individualismo, enfatiza la relación personal del creyente con Dios en términos de padre. San Pablo es un fiel intérprete del énfasis personal de la experiencia del creyente con Dios padre: "Pues no habéis recibido el espíritu de esclavitud para estar otra vez en temor, sino que habéis recibido el espíritu de adopción por el cual clamamos: ¡Abba [papito], Padre! (Romanos 8:15)". "Y por cuanto sois hijos, Dios envió a vuestros corazones el Espíritu de su Hijo, el cual clama: ¡Abba, Padre! (Gálatas 4:6)".

No veo ningún peligro de adulteración de la fe en que el creyente que tiene una experiencia significativa con Dios use el texto de Lucas en el sentido de *"Padre mío"*. A esta relación personal apunta Martín Lutero cuando afirma: "Padre mío, tú estás en los cielos; pero yo, tu desdichado hijo, vivo en esta tierra, lejos de ti, rodeado de peligros. . ."[34]

En la situación que nos ha tocado vivir debemos enfatizar la prédica de Dios como padre. La Iglesia le da al creyente un nombre (*cristiano*), lo convierte en alguien y le da un padre (Dios). En un reciente encuentro internacional latinoamericano se afirmó que el 60 por ciento de los niños que nacen hoy en nuestro continente son hijos naturales. ¿Podemos imaginar los conflictos que tendrá la juventud del año 2000? La necesidad de ambos padres y el clima de amor y de seguridad del hogar son indispensables para la buena formación de la personalidad. Por otro lado, el reconocimiento de Dios como un verdadero padre (sin los defectos del propio), a quien no hay que idealizar porque es ideal y perfecto, al cual es posible someterse sin alienarse, que concede la libertad para la autoexpresión creativa, puede conducir a cualquier ser humano a la plenitud de la vida espiritual y emocional.

Historia personal: integración en la Iglesia como familia de Dios

En la etapa del desarrollo de la personalidad en que el niño procura afirmar su yo parece ser egoísta. Es ese egoísmo saludable y necesario en esa etapa de la vida lo que conduce a la tensión con los hermanos, sus competidores por el disfrute del afecto de los padres. Cuando este antagonismo no se supera con el normal desarrollo de la personalidad, se transforma en actitud de vida y no sólo vive en tensión con sus hermanos sino que le es difícil la convivencia armónica con otras personas. En el capítulo anterior presentamos el caso de dos matrimonios con actitudes de vida diametralmente opuestas que se integran a la misma congregación en la misma época, pero cada uno reaccionó en forma completamente diferente al juzgar la calidad humana y cristiana de sus integrantes.

En el capítulo anterior dijimos que sólo la gracia de Dios puede cambiar a una persona resentida por causa de problemas familiares no superados que transfiere a la congregación. Afortunadamente la gracia de Dios es más que un concepto teológico: es una realidad. Esto es más fácil de experimentar que de explicar, pero lo ilustraremos con el hogar del propio Señor Jesucristo. No vamos a entrar en la discusión de si eran hijos de José de su primer matrimonio o de María. Lo cierto es que eran cuatro hermanos varones: Jacobo, José, Judas, Simón y varias hermanas (Mateo 13:55-56, Marcos 6:3-4). En Mateo 12:46-50 y Marcos 3:21-35 se presenta la oposición implícita de sus hermanos al ministerio de Jesús. El Evangelio según San Juan lo dice claramente: "Porque ni aun sus hermanos creían en él" (Juan 7:5). La oposición de los hermanos está también presente en la afirmación de Jesús de que: "No hay profeta sin honra, sino en su propia tierra y en su casa" (Mateo 13:57). Marcos aclara aún más: ". . .entre sus parientes, y en su casa" (Marcos 6:4). Véase también Juan 4:44. Esta situación de tensión parece haberse convertido en ruptura total. Si así no fuera Jesús no le habría pedido al Discípulo Amado que cuidara de su madre al despedirse de sus seres queridos desde la cruz (Juan 19: 26-27). Es significativo el hecho de que los hermanos no estuvieron junto a Jesús en el momento de su muerte. Uno puede diferir con sus hermanos, pero en el momento de la enfermedad y de la muerte debe prevalecer el cariño fraterno. En el caso de Jesús no fue así. Es una pena que no tengamos más información sobre el hogar de Jesús. Quizá el Señor permitió esta tensión familiar para darnos un ejemplo, para mostrarnos que ante el poder terapéutico de la fe cristiana no existen problemas de relaciones interpersonales que no encuentren su solución. Uno se pregunta: ¿Cómo habrá reaccionado Jesús ante los desafíos de sus hermanos cuando le dicen: "Sal de aquí, y vete a Judea, para que también tus discípulos vean las obras que haces. Porque ninguno que procura darse a conocer hace algo en secreto. Si estas cosas haces, manifiéstate al mundo" (Juan 7:3-4). El Evangelio no nos informa sobre la actitud de Jesús, excepto que les respondió: "Mi tiempo aún no ha llegado, mas vuestro tiempo está siempre presto" (7:6). El tiempo de Jesús llegó, según el más antiguo relato de la resurrección que ha llegado hasta nosotros: "Después apareció a Jacobo; después a todos los apóstoles" (1 Corintios 15:7). Uno se pregunta: ¿Qué cara habrá puesto el hermano de Jesús al verle resucitado? ¡Cómo habrá lamentado su incredulidad y no haberle acompañado a la hora de su muerte! Es evidente que si todos hubieran creído en Jesús no habrían permitido su muerte, necesaria para la redención de la humanidad según los planes de Dios.

Por la gracia de Dios no sólo Jacobo sino todos sus hermanos se integraron a la Iglesia primitiva: "Todos estos perseveraban unánimes en oración y ruego, con las mujeres, y con María la madre de Jesús, *y con sus hermanos*" (Hechos 1:14). Jacobo llegó a ser el máximo dirigente de la iglesia de Jerusalén. Al ser liberado de la cárcel por la obra milagrosa de Dios, Pedro dijo: "*Haced saber esto a Jacobo y a sus hermanos*" (Hechos 12:17), mostrando el lugar prestigioso que en la iglesia tenían los hermanos de Jesús, especialmente Jacobo. En el primer concilio ecuménico de la Iglesia fue Jacobo el que presidió (Hechos 15:13). Cuando Pablo llega a Jerusalén hizo una visita oficial a Jacobo como jefe de la iglesia (Hechos 21:18). Pablo confiesa que después de su conversión, pasados tres años, subió a Jerusalén para ver a Pedro y permaneció con él durante quince días, "pero no vi a ningún otro de los apóstoles, sino a Jacobo el hermano del Señor" (Gálatas 1:19). Al hacer referencia al concilio de Jerusalén (Hechos 15), presenta los nombres de tres personas que eran consideradas las columnas de la Iglesia y lo hace en este orden: Jacobo, Cefas y Juan. Ellos desarrollarían su ministerio entre los judíos mientras que Pablo y Bernabé irían a los gentiles (Gálatas 2:9).

El poder terapéutico de la fe cristiana no sólo puede reconciliar a hermanos separados por tensiones, sino que puede hacer que trabajen juntos en pro de los altos ideales de proclamar el evangelio para lograr un mundo mejor según la voluntad de Dios.

El poder terapéutico radica en la persona de Jesucristo y en el Espíritu Santo que nos ha enviado (Juan 14:15-16; 16:7-15) para continuar su ministerio sobre la tierra. El poder de Dios que resucitó a Jesús y transformó a Jacobo al ver a su difunto hermano resucitado, tiene poder hoy para transformar las vidas y las relaciones interpersonales.

Este poder integrador de Jesucristo facilita la comunión y el encuentro fraternal entre los hermanos. Aun en un caso límite, cuando las tensiones familiares han creado actitudes de personalidad totalmente antagónicas para todos en la Iglesia, la gracia de Dios puede cambiarlo todo. Pero es evidente que Jacobo debió arrepentirse de su pecado de incredulidad y falta de respeto a su Señor. Sin arrepentimiento no es posible alcanzar una real integración en la Iglesia como familia de Dios.

Satisfacción de necesidades sico-espirituales: relación saludable rango-deber

Hemos visto que, tanto en Corinto como en nuestra ciudad, el predominio motivacional del rango sobre el cumplimiento del deber como lógica consecuencia de nuestra fe y compromiso con Jesucristo, contribuye a la enfermedad de la Iglesia. Ese es un papel negativo cumplido por líderes de la Iglesia. Mientras más destacado e influyente sea el líder más daño hace. La etiología de esta enfermedad se encuentra en la falta de capacidad para amar con madurez.

Si bien el Señor llamó a sus apóstoles a desempeñar tareas, el rango es inevitable. Lo hemos visto en el caso de Jacobo, el hermano del Señor. Cuando se arrepintió de su incredulidad y se dispuso a desempeñar su papel, el rango vino inexorablemente. La higuera perdió su rango, dejó de ser higuera por no desempeñar su papel. Otras higueras donde Jesús encontró alimento continuaron disfrutando de su rango porque fructificaron.

En el capítulo anterior hemos visto que el ser humano necesita seguridad, amor, reconocimiento y perdón. No hay maldad en que el ser humano procure el reconocimiento por el cumplimiento del deber, a menos que el hambre de reconocimiento se convierta en un fin en sí mismo. Si a uno no le gusta el prestigio no es un ser humano normal, pero si vivimos para el prestigio no podemos ser auténticos líderes cristianos.

El ideal es que cada cristiano alcance el justo equilibrio entre el disfrute del rango y el cumplimiento del deber. Dicho equilibrio debe darse dentro de la atmósfera fraternal de la comunidad de fe y el sentido de pertenencia a ella. Durante mi adolescencia me fascinaban las películas de *Los Tres Mosqueteros*, me identificaba con ellos, deseaba ser como ellos. Hoy, con mayor madurez, podemos valernos de estos personajes de la imaginación literaria para orientarnos como cristianos en la Iglesia y en el mundo. En la congregación debemos desarrollar la integración comunitaria bajo la base del lema de Los Tres Mosqueteros: "*Uno para todos y todos para uno*". Debemos desempeñar tareas arriesgadas y disfrutar del prestigio y la posición social que se derivan del desempeño de esas tareas en lealtad y en obediencia al Rey. En nuestro caso, la lealtad a nuestro rey Jesucristo y la obediencia a sus mandatos deben mantenernos unidos y luchando por el logro de los objetivos que nuestro Señor desea alcanzar en este mundo sumido en el pecado y la desesperación.

Satisfacción de necesidades sico-espirituales: la disciplina congregacional

El sentido de solidaridad (todo el pueblo peca con el pecado de uno de sus miembros) tan característico del Antiguo Testamento se ha perdido en nuestro mundo crecientemente individualista. El pueblo de Israel tenía muy desarrollado el sentido de la corresponsabilidad de todos por la acción de cada uno. Para ellos, el individuo y el pueblo eran inseparables. También en el cristiano, cada componente del cuerpo debe rendir cuentas de su comportamiento a los demás. Siendo que el miembro enfermo trasmite la enfermedad al resto del cuerpo, la Iglesia tiene todo el derecho a exigir disciplina de cada uno de sus miembros. Daniel Schipani afirma con razón: "Dada la importancia terapéutica de la *disciplina restauradora* en la comunidad cristiana, no puede menos que sorprender la escasa mención o la falta de su consideración en la mayoría de los trabajos correspondientes en el campo de la Psicología Pastoral y la Psicología de la Religión. Creemos que tal deficiencia impide a muchos autores percibir la cualidad peculiarísima de la iglesia como comunidad terapéutica".[35] He sido renuente a presentar la disciplina como factor terapéutico en la vida congregacional por la realidad de que por lo general se la utiliza en forma punitiva y vengativa; a veces proyectando en el pecador todo el odio que el punitivo tiene para sí mismo, a nivel inconsciente, por haber cometido las mismas faltas. Uno de mis alumnos de psicología pastoral en una ocasión confesó en clase cómo llevó en su iglesia local toda la carga contra una persona que había cometido una falta moral grave. Una vez lograda la condena de la persona culpable, ésta le dijo a mi alumno: "Tú dices ser cristiano. Sin embargo, a lo largo de todo este proceso te he visto actuar con odio hacia mí, que no te he hecho nada. ¿Dónde está tu amor cristiano hacia los pecadores? Has ganado. Me voy al mundo. Allí por lo menos me comprenden y no pretenden ser seres superiores".

Efectivamente, esta persona se marchó de la congregación manifestando su desilusión. Mi alumno —que en el momento del conflicto aún no era estudiante de teología— cayó en un profundo estado de depresión. Se sentía culpable. Se daba cuenta de que había actuado como un fiscal y que había sentido placer al vencer a su oponente. Había sentido placer al hacer sufrir al pecador.

Este tipo de ejercicio de la disciplina congregacional es muy común, desgraciadamente, en la mayoría de las iglesias. Esta realidad me llevó a afirmar: "Lo único que necesita Satanás es herir a un miembro de la comunidad porque sus hermanos se encargarán de rematarlo. Lo dejarán desangrarse con indiferencia o lo traspasarán con la bayoneta de la agresividad".[36] Es lamentable que esto siga siendo una realidad en muchas congregaciones, pero no se justifica un silencio de nuestra parte sobre formas de exigencia disciplinaria que estén en línea con el espíritu del Nuevo Testamento. La disciplina cristiana debe ser restauradora, en el espíritu de Gálatas 6:1, y no represiva.

Nuestro Señor Jesucristo se negó a utilizar la disciplina represiva prevista en la ley mosaica: "Si un hombre cometiere adulterio con la mujer de su prójimo, el adúltero y la adúltera indefectiblemente serán muertos".[37] Cuando le llevan a la mujer adúltera para tenderle una trampa obligándole a escoger entre dos alternativas (ponerse fuera de la ley o ir contra su prédica de amor por el pecador y perdón para el arrepentimiento), Jesús escoge un camino diferente (Juan 8:1-11). Es evidente que conocía la personalidad humana y los resortes necesarios para hacerla reaccionar: "Y no tenía necesidad de que nadie le diese testimonio del hombre, pues él sabía lo que había en el hombre" (Juan 2:25). En este caso límite, la disciplina fue aplicada: "Vete y no peques más", sobre la base de un auténtico arrepentimiento.[38] También aplicó la disciplina a los jueces que, movidos por un mecanismo sicológico, la proyección, y por el malvado interés de eliminar a Jesucristo que se presentaba como un competidor para sus intereses religiosos y económicos, le habían llevado a la pobre mujer.

El caso de la mujer adúltera no es repetible. Nunca se presentan dos casos con las mismas características. Lo que es repetible es la actitud. Es evidente que había arrepentimiento en la pecadora, elemento que no siempre está presente en las situaciones pastorales que nos toca encarar. ¿Qué hacer en tales situaciones? Hay momentos en que no queda otro remedio que actuar con serenidad y amor, pero con firmeza, como actúa el cirujano sobre el cuerpo del enfermo grave cuya vida quiere salvar. Algunos tratamientos médicos resultan dolorosos, pero eso no implica que el cirujano sienta el placer de hacer sufrir al enfermo. Se trata de un dolor indispensable para poder conservar la salud y la vida.

Nuestro Señor nos da un pasaje fundamental para orientarnos sobre el ejercicio de la disciplina como elemento terapéutico en la Iglesia: Mateo 18:10-20. La clave para la interpretación de este pasaje se encuentra en dos palabras griegas del versículo 15, *eis se*, que Reina-Valera traduce "contra ti". Dichas palabras no aparecen en manuscritos antiguos como el Vaticano, el Sinaítico y otros documentos; por tal razón el Nuevo Testamento Griego, editado por Nestle, no las incluye en el texto. Una reciente edición de las Sociedades Bíblicas Unidas las incluye, pero puestas entre paréntesis. En el aparato crítico, al pie del texto, se coloca una *C* que se refiere al grado relativo de certeza a que han arribado los expertos sobre la autenticidad de estas palabras. La letra *A* significa que el texto es virtualmente cierto. La *B* indica que hay algún grado de duda. La *C* significa que hay un considerable grado de duda. . .[40]

Puesto que estas palabras no aparecen en los documentos más antiguos y que su inclusión distorsiona la interpretación exacta de la disciplina comunitaria tal como la instituyó nuestro Señor, consideramos que "contra ti" es un añadido posterior que debemos eliminar por la distorsión que causa en la pastoral de la Iglesia. En los pasajes paralelos de Lucas 17:3-4, Reina-Valera incluye "contra ti" en ambos versículos. En la lengua original ambas palabras aparecen sólo en el verso 4. Es interesante ver que el verso tres se refiere a la actitud pastoral que debe asumir el creyente cuando su hermano peca; mientras que el verso 4 enfatiza que el cristiano debe profundizar su comprensión pastoral cuando él es parte afectada.

Al eliminar estas palabras nos encontramos que la división en sectores, realizada posteriormente, no es correcta.[41] Como estas divisiones son muy diversas, nos vamos a guiar por la que hace la versión Reina-Valera, la más conocida entre los cristianos evangélicos hispanoparlantes. En ella los versículos 15 al 22 del capítulo 18 de Mateo forman una unidad. Las palabras eliminadas, "contra ti", justifican la inclusión de los versos 21 y 22 y la separación del 10-14 en esta división del texto. Propongo la siguiente división de este pasaje: 18:10-20 y 18:21-35. La secuencia lógica entre el verso 14 y el 15 muestra cuánto pueden dificultar la interpretación de las Escrituras, las divisiones colocadas con el buen propósito de ayudar a la comprensión del texto bíblico. Veamos: "Así, no es la voluntad de vuestro Padre que está en los cielos, que se pierda uno de estos pequeños. Por tanto, si tu hermano peca, ve y repréndele estando tú y él solos. . ."

Después de este preámbulo entramos a considerar la disciplina de la Iglesia tal como la instituyó nuestro Señor Jesucristo:

1. El fundamento y el objetivo de la acción pastoral de la Iglesia es continuar el ministerio de Jesucristo que "ha venido para salvar lo que se había perdido" (versículo 11) y que sigue viniendo a través de la comunidad que ha dejado sobre este mundo, animada por el Espíritu Santo. El Señor muestra el regocijo del Pastor que ha logrado salvar a su oveja perdida.

2. Por cuanto el Señor se regocija más por el rescate de una oveja perdida que por el mantenimiento de las 99 que están seguras en el redil (versículo 13), los que aceptamos el señorío de Jesucristo sobre nuestras vidas debemos estar muy entristecidos cuando un hermano se aparta del camino evangélico.

3. Teniendo en cuenta que es la voluntad de Dios que nadie se pierda debemos tomar todas las medidas necesarias para ayudar a los hermanos que hayan caído en alguna tentación para volverlos seguros al redil.

4. Las instrucciones del Señor sobre lo que hay que hacer cuando un miembro de la comunidad peca, muestran el carácter comunitario e inclusivo de la pastoral. Cada cristiano está llamado a ser un pastor. El que se entera de la caída de un hermano debe, en primer lugar, guardar silencio sobre lo ocurrido y después hablar con el hermano para ayudarle a salir de la situación en que se ha metido. La finalidad de esta regla parecería ser la protección del pecador contra la arbitrariedad o la precipitación en la toma de medidas disciplinarias. Diríamos que debe hacer silencio para proteger al hermano caído de las proyecciones de sus hermanos más débiles, que pretenden presentarse como los más fuertes. No debe interpretarse el guardar silencio como un ocultamiento del pecado, como complicidad. Nada en el texto sugiere semejante cosa. Lo que se pretende es la restauración del pecador por el arrepentimiento: "Si te oyere, has ganado a tu hermano" (versículo 15).

5. Cada cristiano debe sentir que él representa la Iglesia, él es la Iglesia dispersa que se hace comunidad cuando dos o tres se reúnen en el nombre del Señor (versículo 20). Cuando se acerca al pecador debe hacerlo como un representante de la Iglesia de su Señor. Debe hacerlo con amor y en el espíritu del pasaje que estamos analizando, para rescatar la oveja perdida.

6. "*Repréndele estando tú y él solos*. No siempre las

palabras comunican la intención y el espíritu del que las pronuncia. Esto resulta aún más difícil cuando éstas son traducidas a otros idiomas.

¿Qué entendemos por reprender? ¿Cómo hacerlo? El significado original del verbo griego *elegcho* es "poner a prueba, probar". Reprender sería, pues, hacer ver al hermano la distancia que existe entre su comportamiento y el ideal evangélico. Dicho de otra manera, es colocarlo delante de un espejo para que se dé cuenta de que tiene la cara sucia. Reprender fraternalmente a un hermano es ayudarlo a tomar conciencia de su pecado y de la necesidad de reparación. Si la exhortación conduce al arrepentimiento se ha cumplido un buen trabajo pastoral.

Es muy importante complementar este pasaje con otro del mismo Evangelio, Mateo 7:1-5. Al asumir un rol pastoral no lo hacemos en función de jueces, sino con amor y en el nombre de la Iglesia de Jesucristo, reconociendo que uno mismo puede ser tentado, como dice San Pablo en Gálatas 6:1.

7. *"Mas si no te oyere, toma aún contigo a uno o dos, para que en boca de dos o tres testigos conste toda palabra"*. Si falla el intento individual es necesario poner en movimiento un dispositivo grupal. Este puede fallar por defectos en el enfoque pastoral o por terquedad del pecador. Debe mantenerse el secreto aun cuando uno no haya tenido éxito a nivel personal. En tal caso se debe hacer intervenir a una o dos personas más; personas escogidas para este ministerio tan importante de rescatar la oveja perdida. Un ministerio no menos importante que la tarea de atender la administración de la Iglesia para lo cual los discípulos decidieron reclutar "varones de buen testimonio, llenos del Espíritu Santo y de sabiduría, a quienes encarguemos de este trabajo" (Hechos 6:3).

8. *"Si no los oyere a ellos, dilo a la iglesia: y si no oyere a la iglesia, tenle por gentil y publicano"*. Estas palabras equivalen a la separación de la comunidad, la

cirujía dolorosa, sin anestesia, que a veces tenemos que hacer en el cuerpo de Cristo para conservar su integridad, separando el miembro enfermo cuya enfermedad no tiene cura. Pablo aplicó este principio de Jesucristo en 1 Corintios 5:3-5, 9-13, en el caso del hombre que tenía la mujer de su padre. Si no hay arrepentimiento el pecador debe ser excomulgado, y anuncia que utilizará una metodología pastoral que culminará con un trabajo grupal y posible excomunión en 2 Corintios 13:1-3.

La aplicación disciplinaria afirma Pablo —en un pasaje muy oscuro— tiene por fin "que el espíritu sea salvo en el día del Señor Jesús" (1 Corintios 5:5). Es evidente que el sufrimiento de la separación y la soledad pueden tener un gran valor terapéutico de purificación, "purgatorio terrenal". Tal es el caso de los cuarenta años que pasó el pueblo de Israel en el desierto, o el cautiverio babilónico. Aun cuando se aplique una medida disciplinaria fuerte, ésta debe tener un carácter terapéutico. Algunas personas no aprenden sino con el rigor. A veces tememos la difícil tarea de disciplinar a nuestros hijos porque los amamos. No disciplinarlos sería igual que no amarlos. Los hijos, como los hermanos en Cristo, suelen aceptar la disciplina cuando se sienten amados. Algunos hermanos rechazan violentamente la acción pastoral que consideran injusta, pero con el paso de los años, reconocen que se les hizo un bien.

No es posible ofrecer soluciones prefabricadas para problemas particulares. En cada caso debemos ponernos humildemente en las manos del Señor para que él nos muestre el mejor camino a seguir, dentro de las orientaciones que nos ha dado en su Palabra.

En conclusión, el hecho de que en algunas comunidades cristianas se utilice mal el dispositivo disciplinario, no justifica la inacción al respecto. Los dos extremos son dañinos a la salud de la Iglesia. Para el cristiano el ejercicio de la tarea pastoral restauradora de la salud espiritual del hermano que ha caído no es una opción, sino un mandato del Señor. No hay lugar para el "no te metas" o el "¿quién soy yo para convertirme en juez de mi hermano?" El Señor espera la militancia pastoral de todos los cristianos para ayudar a conservar su Iglesia en buen estado de salud. Esto le permitirá cumplir, con mayor éxito, su tarea de enfermera del mundo.

La vida cúltica

Los beneficios terapéuticos del culto cristiano no constituyen su finalidad última, éstos son más bien un subproducto. La adoración a Dios se convierte en experiencia terapéutica sólo cuando se realiza con plena autenticidad. El verbo adorar, en griego *proskyneo*, significa en el Nuevo Testamento "postrarse para hacer una reverencia o rendir un homenaje". La adoración a Dios debe tener esas características. La persona que se acerca a Dios debe hacerlo con la totalidad de su ser: alma, mente y cuerpo y reconociendo quién es el otro ante el cual uno se humilla.

Cuando uno adora auténticamente también se reconoce tal cual es; pone de lado todas las hipocresías de la vida, se saca todas las caretas protectoras y se esfuerza por ser honesto consigo mismo y con Dios. Ante la seguridad del perdón, uno aspira a alcanzar una mayor dignidad ante Dios y se esfuerza por reorientar la vida como consecuencia del encuentro con el Ser Supremo. Es innegable el valioso aporte de la fe cristiana a la salud mental de la humanidad, sin perder de vista que los elementos terapéuticos son derivados de una relación profunda que resulta más fácil de experimentar que de explicar. Cuando uno adora se siente elevado, fortalecido, confortado y dirigido por Dios. Todo ser humano necesita esa elevación, ese fortalecimiento, ese confort, esa dirección.

Cuando en una comunidad religiosa se ha perdido el sentido de la presencia de Dios las reuniones religiosas dejan de ser cultos. Si no hay a quién rendir culto, los integrantes no pueden cultivarse en fe.

Cuando uno está convencido de la presencia de Dios según la promesa de Jesucristo: "Donde están dos o tres congregados en mi nombre, allí estoy yo en medio de ellos" (Mateo 18:20), se mantendrá reverente.

He aquí seis elementos básicos del culto cristiano: el primero de ellos: *la presencia del Espíritu Santo* interactúa con los otros cinco (los cuales no están colocados en orden prioritario). Todos son importantes para la adoración auténtica y para la producción del subproducto terapéutico como consecuencia de la experiencia significativa del adorador.

a) **La presencia del Espíritu Santo**

El libro de los Hechos de los Apóstoles —que son los Hechos de la Iglesia— bien podría denominarse libro de los Hechos del Espíritu Santo. No tiene sentido hablar de Iglesia sin reflexionar inmediatamente sobre la acción del Espíritu. Bien lo dice Pablo: "un cuerpo y un Espíritu" porque estos son elementos inseparables tanto en el ser humano como la Iglesia (Efesios 4:4). Junto con la presencia corpórea de una comunidad de creyentes se da la presencia incorpórea de Dios dirigiéndola y vivificándola.

En mi trabajo de asesoramiento pastoral, en algunos que otros momentos, he sido consciente de cómo el Espíritu Santo me ha guiado en mi trabajo. Esto me recuerda una frase célebre, pronunciada por un distinguido médico medieval: "yo lo vendo —al herido— pero es Dios quien lo cura". Un cirujano cristiano podría decir: "Yo lo opero, pero es Dios el que restaura los tejidos, el que lo cicatriza y lo devuelve a la vida normal". A nivel de asesoramiento pastoral no debemos pretender que "curamos". La restauración de la salud espiritual es obra del Espíritu Santo con la colaboración de los cristianos y sus técnicas. Siempre es Dios el que cura, aunque el médico o el sicoterapeuta no crean en El. A veces Dios hace una curación en dos tiempos, contando con los recursos conjuntos de la fe y de la ciencia. Eso nos recuerda un caso de curación en dos tiempos realizada por Jesús según el relato de Marcos 8:22-26. Es significativo que los demás evangelistas omitieran este relato que sólo conserva Marcos, el más antiguo de todos los Evangelios. En este caso Jesús actuó en los dos momentos porque no había otra posibilidad. El ciego recibió parcialmente la vista. En el primer momento "veía a los hombres como árboles que se movían". En el segundo momento terapéutico "vio de lejos y claramente a todos".

Creo que en los tiempos en que vivimos es muy necesario que los hombres de fe y los de ciencia se dispongan humildemente a colaborar en pro de la salud integral del ser humano. El ministro de Dios tiene sus limitaciones y el profesional las suyas. Veamos esta realidad en un caso. Un día vino a verme un pastor con un joven que había tenido una experiencia de conversión siete meses atrás. Desde el principio se aclaró que este joven había comenzado una vida nueva desde el momento de la conversión. Había escapado al suicidio abandonando su país para no continuar siendo un bochorno para su familia por sus inclinaciones homosexuales. Porque ama a su familia se sometió a varios programas de rehabilitación sicoterapéuticos, incluida la reclusión. Estuvo al cuidado de los mejores profesionales pero las inclinaciones continuaban inconmovibles y no podía resistir más de cuatro o cinco días sin una experiencia homosexual. Se dio cuenta de que no tenía el derecho a amargarle la vida a su familia con su comportamiento amoral y comenzó a reflexionar entre dos alternativas: el suicidio o marcharse a un lugar lejano. Se decidió por lo segundo. Vivió una vida de desenfreno sexual hasta el día en que tuvo su experiencia de conversión: "Desde entonces soy una nueva criatura", decía. "Es sorprendente que haya podido estar siete meses sin tener relaciones sexuales, nunca logré aguantar más de una semana, excepto cuando estuve recluido".

Ante las manifestaciones de victoria de aquel joven y el testimonio de su pastor de cómo estaba trabajando en la iglesia y cómo había roto con todas las amistades de su vida anterior, me preguntaba: ¿Por qué habrán venido a verme? Inmediatamente hice la pregunta:

¿En qué les puedo ayudar?

Y ahí surgió el problema:

"Mire, Pastor, yo me siento una nueva criatura en Jesucristo. He resistido tremendas tentaciones: dos veces se me han metido hombres en la pieza a altas horas de la noche, y las dos veces los he rechazado. Mis amigos de antes no pueden entender que yo haya cambiado tanto. Claro, yo no conozco otro tipo de experiencia que la homosexual y a veces me siento un poco excitado. Pero ese no es el problema, eso lo puedo resolver. Mi problema es que deseo ser como los demás, que me gusten las mujeres. Yo veo el hogar del pastor, su esposa, sus hijos y desearía poder fundar una familia. Tengo muchas amigas, pero no puedo concebir la idea de tener relaciones sexuales con una mujer. Hay algo dentro de mí que lo rechaza, no sé qué es. Es por eso que necesito ayuda.

Dejamos en claro dos cosas:

1. Que realmente el cambio de vida de este joven no se debía a la acción humana. Fue la obra del Espíritu Santo manifestada en el culto.

2. Que debíamos dar gracias a Dios por el primer tiempo de la curación y que ahora faltaba el segundo tiempo. Les leí el pasaje de Marcos 8:22-26 y les recomendé un tratamiento sicoterapéutico con un profesional adecuado a las necesidades del joven. Dios actúa también a través de los profesionales. Tampoco debemos pretender que actúe como queremos.

b) **Clima de adoración: experiencia personal y participación grupal**

La actitud de auténtica adoración de un grupo numeroso de creyentes produce una especie de epifenómeno, crea una atmósfera que es percibida no verbalmente por los demás participantes del culto. Le llamo epifenómeno porque es la consecuencia indirecta y secundaria del fenómeno que se produce cuando el individuo se siente en la presencia de Dios. El creyente trasunta dicha vivencia, la contagia y cuando la mayoría de la congregación se encuentra en esa situación las otras personas que participan del culto la perciben y se benefician de ella. Es una consecuencia indirecta de la acción del Espíritu Santo. Es como tener la posibilidad de ser alumbrados simultáneamente por la luna y por el sol. Cuando no tenemos el sol, de noche, recibimos sus rayos en forma indirecta a través de la luna. Así también Dios nos habla a través de personas consagradas a El.

Vivimos en una sociedad de creciente masificación, una sociedad competitiva, a veces cruel con los más débiles. En nuestras grandes ciudades muchas personas se sienten solas, despreciadas o ignoradas. Para el hombre oprimido por las masas urbanas y competitivas, el culto de auténtica adoración a Dios tiene un inmenso valor terapéutico. La adoración en forma grupal facilita el encuentro entre las personas que se han encontrado con Dios. Toda persona necesita una comunidad donde tenga intereses en común y donde se le ofrezca el afecto familiar que se desprende de una comunidad de fe. Sabemos que la persona que adora se siente amada por Dios, pero también necesita pertenecer a una agrupación donde se sienta amada por seres humanos.

El clima de adoración que permite que la experiencia personal sea experimentada también en forma grupal es una de las características distintivas del culto que lo hacen irremplazable. Claro que tenemos que luchar contra concepciones individualistas de la adoración. Cada creyente debe percibir el sentido de pertenencia a una comunidad de adoración donde cada uno necesita el otro para hacer más real su propia adoración. Uno trasunta su experiencia en forma no verbal y por así decir "oxigena la atmósfera" en equipo con otros que también adoran. Después, todos se alimentan del "oxígeno" producido. Es evidente que también se puede producir una "desoxigenación de la atmósfera espiritual". La actitud de otros (irreverencia, desgano, indiferencia) también puede ser trasuntada y constituirse en obstáculo para la adoración.

En el culto público se logra algo imposible de obtener en forma individual; podemos acercarnos a Dios juntos, beneficiarnos con la presencia divina y con la vivencia de cada cual. Una agrupación religiosa que no sea una comunidad de adoración es semejante a un caracol vacío. Se conserva la estructura, pero no tiene vida. No se mueve, está muerta, pero todavía sirve de adorno. Resiste al tiempo como institución, pero no tiene vida.

c) **Símbolos: sacramentos**

Los símbolos, aunque no son exactamente lo que representan, en cierta manera participan de su significado y poder. La bandera, por ejemplo, participa del poder de la nación a que pertenece y simboliza.

Según Carlos G. Jung los símbolos proceden del inconsciente colectivo. No son inventados intencionalmente. Si alguien tratara de inventar un símbolo, este lo sería sólo si el inconsciente colectivo del grupo donde participa da el sí.

Los símbolos religiosos funcionan en la misma forma que los no religiosos; abren un nivel de realidad que de otra manera no sería perceptible. Entre los cristianos de tradición protestante existe cierta alergia hacia los símbolos como reacción frente a la Iglesia Católica Apostólica y Romana. Es cierto que los símbolos tienen sus peligros; como éstos participan en cierta manera de aquello que señalan, pueden reemplazarlos. Cuando esto ocurre, el símbolo religioso se convierte en ídolo. Toda idolatría no es más que la absolutización de los símbolos de lo Santo al extremo de sustituirlos.

Teniendo en cuenta los riesgos de los símbolos, consideraremos a tres de ellos que tienen especial significación en la adoración de la inmensa mayoría de los cristianos.

Sin entrar en profundas reflexiones teológicas vamos a considerar en primer lugar a la Eucaristía,[42] Comunión o Cena del Señor. A través de este símbolo uno participa, por la fe, del cuerpo y de la sangre de Jesucristo, de su sufrimiento expiatorio en nuestro lugar para que no tuviéramos que sufrir las lógicas consecuencias de nuestro pecado. Además de los valores teológicos que son innegables, la Santa Cena tiene un incalculable valor terapéutico. Es algo que uno incorpora materialmente a su propio cuerpo mientras a nivel espiritual siente todo el significado del sacramento.

Debemos aclarar que si bien la Comunión tiene todas las características que hemos señalado del símbolo; es más que un símbolo. Por la presencia del Espíritu Santo, en la Eucaristía está Dios y somos sellados con El a través de ella. Como lógica consecuencia de esta realidad, todo culto cristiano debería ser culminado con la Cena. Pablo advierte que nadie debe participar "indignamente" de la Cena del Señor (1 Corintios 11:27-29). Ningún ser humano es digno de comulgar. Todos somos pecadores. Es la gracia perdonadora de Dios que redime al pecador arrepentido lo que nos hace dignos. Somos justificados, declarados inocentes, por la fe en Jesucristo y nuestro arrepentimiento. Esta advertencia paulina que se hace, por lo general, en todas las iglesias, requiere una preparación previa para tomar la comunión. Un examen de conciencia, un reconocimiento de la distancia existente entre lo que uno es y lo que debería ser, ayuda al individuo a clarificar su situación. La posterior confesión personal o comunitaria, el arrepentimiento y la seguridad del perdón, junto con todos los demás elementos del culto, actúan como una sólida fuerza terapéutica. Debemos recordar que en el núcleo de toda neurosis se encuentra una falla moral en términos teológicos: el pecado es el causante de todas nuestras desgracias. La Santa Cena, como parte del culto cristiano, nos ayuda a ir a las raíces perturbadoras de la estabilidad de la personalidad humana.

El segundo símbolo que queremos compartir es muy simple y es practicado por muchas confesiones cristianas: el "arrodillarse" como parte de la adoración. Cuando una persona se acerca a Dios debe hacerlo con la totalidad de su ser. Es necesario darle también al cuerpo la oportunidad de adorar a Dios. Tanto entre los griegos como entre los romanos antiguos la genuflexión (ponerse de rodillas) era practicada por los esclavos delante de su señor. Caer de rodillas delante de una persona significaba reconocerlo como señor y reconocerse al mismo tiempo como esclavo. Por la humillación de Cristo, que trajo como consecuencia la posibilidad de redención para todos los seres humanos ". . .Dios también lo exaltó hasta lo sumo y le dio un nombre, que es sobre todo nombre, para que en el nombre de Jesús se doble toda rodilla de los que están en los cielos, y en la tierra y debajo de la tierra" (Filipenses 2:9-10). La actitud genuflexa es buena como símbolo de una actitud de auténtica entrega. A veces, lamentablemente, es puro teatro, una burla al Señor. Es muy fácil poner el cuerpo de rodillas; no es tan fácil derramar humildemente todo el ser ante el Señor. Al cuerpo genuflexo lo podemos ver todos, pero lo interior sólo lo puede ver Dios.

El tercer símbolo es la *ofrenda*. Esta puede concebirse desde dos perspectivas: la administrativa y la cúltica. Es la segunda perspectiva la que nos interesa. El dinero es parte de nosotros mismos, es trabajo materializado y el trabajo es vida. Cuando damos nuestras ofrendas como acto de adoración, estamos dándonos a nosotros mismos y estamos expresando nuestra gratitud a Dios y a su Iglesia por lo que han hecho por nosotros. Ya he señalado el

riesgo de que el símbolo se convierta en ídolo. Lamentablemente hay quienes hacen donaciones a las iglesias para
acallar sus conciencias, pero sin arrepentirse de sus pecados
ni adorar a Dios como debe ser adorado: en espíritu y en
verdad (Juan 4:20-24). No obstante, es bueno recordar que
el primer contacto de la Iglesia con el mundo gentil fue a
través de un piadoso oficial romano que fue considerado
digno de ser la puerta de entrada al mundo grecorromano
por su vida de oración y sus ofrendas: "tus oraciones y
tus limosnas han subido para memoria delante de Dios"
(Hechos 10:4). Dios valora la oración y la ofrenda, pero
nosotros nos valoramos ante nosotros mismos cuando ado-
ramos dando de nosotros mismos para la obra de Dios. El
darnos en forma consciente y madura para contribuir al
ministerio de la Iglesia de Dios que trata de construir un
mundo mejor, estamos edificándonos a nosotros mismos.

d) Oración

La oración está estrechamente relacionada con la fe. Todos tenemos fe, unos más que otros. Algunos tienen fe en
que no la tienen. La fe no se manifiesta en la misma forma
en todas las personas; en algunos parecería estar ausente,
es que está oculta por los negros nubarrones creados por
los traumas síquicos. La fe es un don de Dios que desea
la salvación de todos los seres humanos. La duda es una
necesidad dialéctica[43] para una fe auténtica. El cristiano
debe desconfiar de la duda antes de desconfiar de la fe.
La oración es una lógica consecuencia del sentido de
dependencia del Ser Supremo. Sólo puede realmente orar
aquel que tiene una clara conciencia de su dependencia de
Dios.

La oración puede ser considerada desde dos ópticas;
lo que pasa en la persona que ora y las consecuencias que
están más allá de ella.

La primera óptica es básicamente terapéutica, el que
ora confiesa a Dios su insuficiencia —que El ya conoce— y

le pide que lo inunde con su suficiencia. Como dice el Evangelio "De su plenitud recibimos gracia sobre gracia" (Juan 1:16).

La segunda óptica se refiere a los valores objetivos de la oración, aquello que puede medirse más allá de la subjetividad y que puede tener sus implicaciones terapéuticas.

Hay un pasaje en el libro de los Hechos que siempre me ha impresionado. Pedro estaba preso y en peligro de linchamiento y la congregación intercedía en oración por él. Dios concede el milagro y la enorme puerta de la cárcel se abre, pero no así la frágil puerta de madera de la casita donde estaban los cristianos reunidos (Hechos 12:6-19). La enseñanza de este pasaje es que Dios no hace por nosotros lo que podemos y debemos hacer, pero nos ayuda cuando nuestras fuerzas son insuficientes.

e) Predicación

El sermón debe ser un canal de comunión de la gracia de Dios. Se espera que el Espíritu Santo hable a través de las palabras del predicador, lo cual implica una tremenda responsabilidad para éste. La predicación debe contribuir a hacer más real la presencia de Dios y a la correcta actitud de adoración de parte de los que integran la comunidad de fe.

Hay tres movimientos que deben darse en todo culto cristiano. Primero la alabanza, no se concibe una auténtica adoración sin alabanza a Dios. Este primer movimiento nos hace mirar hacia arriba. El segundo movimiento nos hace mirar hacia adentro y es la confesión. Cuando el profeta Isaías tiene su extraordinaria experiencia en el templo de Jerusalén (Isaías 6:1-8), no se vio como un hombre virtuoso sino como un ser imperfecto y pecador. Ante el mensaje que recibió entró en el tercer movimiento: el de mirar hacia afuera. Ante la pregunta divina: ¿A quién enviaré? Isaías responde: "Heme aquí, envíame a mí". Ese es el aporte básico de la predicación. Ubicar al individuo en su realidad y exhortarlo a marchar hacia la consecución de un mundo mejor, actuando como colaborador de Dios (1 Corintios 3:9).

Es necesario aclarar que el mal uso de la predicación puede contribuir a la alienación y a relaciones enfermizas por ejemplo, entre un pastor sadista —que da palos desde el púlpito— y feligreses masoquistas que agradecen al pastor todos los domingos por los palos que reciben. De todas maneras se asegura una buena asistencia a los cultos, pero tal predicación no es terapéutica. Los bancos de la iglesia son bancos adoradores a Dios y no banquillos de acusados. Es evidente que el predicador enfermo puede enfermar a toda una congregación. No es necesario que volvamos sobre los temas tratados en el capítulo anterior.

f) **Música**

En la tradición judeo-cristiana la primera expresión musical de adoración a Dios expresa además la alegría de la liberación del cautiverio egipcio (Exodo 15:13,20,21). La música libera y la música en el culto debe ser básicamente terapéutica. La música religiosa —vocal o instrumental— debe tener un mensaje. Si no hay comunicación espiritual no hay música religiosa. La música religiosa tiene las mismas características que la predicación. La bondad de un sermón no reside en la oratoria, la voz, el estilo, la argumentación. La comunicación espiritual no se agota en ninguno de estos factores aun cuando necesita de todos. En la buena música religiosa, como en el buen sermón, hay una dimensión de profundida que determina todos estos factores. Alguien puede ser un buen músico, o un buen orador, y no lograr la comunicación espiritual en el culto cristiano. La música, como la oratoria, es neutral; pero cuando se utiliza para el culto debe tener un objetivo específico a partir de la situación espiritual del intérprete.

El culto cristiano suele comenzarse con música, con el preludio. Todas las partes del culto están destinadas a colocarnos en la presencia de Dios y enviarnos a cumplir la misión que Dios quiere que realicemos. Pero el preludio tiene un propósito: sacarnos de nosotros mismos —nuestras inquietudes o preocupaciones— para concentrar nuestra atención en la adoración a Dios. El culto termina con el postludio. En ese período de tiempo los adoradores reflexionan sobre todo lo que ha significado el culto y se preparan para salir al mundo a cumplir con la misión a la cual Dios les llama.

Entre el preludio y el postludio hay toda una riqueza musical: himnos de alabanza, de confesión, de petición, de consolación, etc., que contienen grandes valores terapéuticos. La Iglesia quizás no ha sabido explotar lo suficiente estos recursos de valor incalculable. Hoy se habla de Vivaldi como el primer músicoterapeuta, ya que su música tiende a ayudar a las personas en conflicto. La música religiosa tiene valores que han sido de bendición a los hombres durante milenios. Debemos descubrirlos y utilizarlos adecuadamente en el culto.

La vida moral

El caso con que iniciamos este capítulo muestra claramente cómo el proceso de secularización creciente está haciendo desaparecer, en algunos sectores de nuestra sociedad, la atmósfera cultural que incluye los principios éticos de la fe cristiana que eran respirados y asimilados aun por las personas que no eran cristianos militantes. En la argumentación utilizada para convencer a los indecisos no se reconoce la existencia de principios éticos con valores absolutos. Se lleva la carga contra las "costumbres arcaicas como la fidelidad conyugal y el matrimonio monogámico". Tales principios básicos de la fe cristiana son considerados como una "estupidez", y se insistió en la necesidad de "liberarse y actuar como jóvenes inteligentes y modernos". En tal sentido no hay que colocar barrera alguna a los instintos sexuales que, según la argumentación, son polígamos por naturaleza. Afortunadamente en el mundo está la Iglesia para preservar y proclamar tales principios.

a) Normas éticas de la fe cristiana

Los Diez Mandamientos[44] y el Sermón de la Montaña[45] son en cierta manera el resumen de los principios éticos de nuestra fe. Estos principios son la conceptualización de nuestra esencia moral que surge de nuestra condición humana, creada originalmente a la imagen de Dios (Génesis 1:26-27). Es evidente que además de la imagen de Dios en el hombre está presente el pecado. De ahí la tensión existente entre la concepción ética y el comportamiento moral. De ahí la distancia entre lo que uno sabe que debe ser y lo que es; entre lo que uno sabe que debe hacer y lo que hace. Esta tensión existencial conduce necesariamente a la humildad y al deseo de lograr el completamiento de la condición humana según el modelo que Dios nos ha dado en la persona de Jesús. Esta es una crisis que todo cristiano debe reconocer con honestidad y que nos conduce hacia una vida superior por el camino de la toma de conciencia de lo que somos, la dependencia divina, el esfuerzo y el apoyo mutuo.

b) Poder para cumplir las normas éticas

Jesucristo no nos promete liberarnos de las tempestades de la vida, éstas vienen por igual sobre los creyentes y los incrédulos. La diferencia está en que aquellos que hemos edificado la vida sobre la roca, tenemos las fuerzas para resistir las tempestades y nuestra casa no cae (Mateo 7:24-29). Las enseñanzas evangélicas están en línea con nuestra esencia moral. El creyente cuenta con recursos que no tiene el no creyente. Si para el creyente hay tensión entre la concepción ética y el comportamiento moral; en el no creyente, la crisis es mucho más grave. Padece la confusión al no tener una sólida sustentación ética y es frágil presa de los que proclaman el desmoronamiento moral de nuestra civilización cristiana y se comportan a la altura de sus prédicas.

Una buena educación cristiana, que va más allá de la instrucción a través del aprendizaje de normas que se captan en el ambiente familiar, que no es neurotizante, contribuye a fortalecer los principios éticos grabados en nuestra esencia "en tablas de carne del corazón" (2 Corintios 3:3). No es necesario extendernos en reflexiones de cómo una deficiente educación moral —por una comprensión neurótica de la fe— puede conducir a los hijos a desviaciones peores que los males que se desean evitar. La Iglesia y el hogar deben complementarse en la formación ético-moral de la niñez y de la juventud en estos tiempos de confusión y de anomia moral.

La falta de una adecuada educación moral y la falta de poderes espirituales para lograr un adecuado equilibrio entre las fuerzas en pugna dentro de cada ser humano son motivos del surgimiento de serios trastornos de la personalidad. Estoy convencido de que en el núcleo de toda neurosis está entronizado el pecado. Porque el pecado es la alienación del ser esencial de uno. Uno deja de ser lo que debe ser, lo que Dios quiere que sea, para ser otra cosa. En tal situación no puede haber estabilidad en la personalidad.

Los medios de gracia que la iglesia puede suministrar (el encuentro con Dios como un padre al cual no hay que idealizar porque es ideal; la integración en la Iglesia como familia de Dios y la satisfacción de las necesidades sico-espirituales a través de los diferentes elementos del culto), nos conceden la energía espiritual para encarar las situaciones más difíciles y conservar la calma en medio de la tempestad.

c) Ubicación en la realidad tensora

Es evidente que hay distancia entre lo que debemos ser

y lo que somos; tanto a nivel individual como social. Aspiramos a concretar ese hombre nuevo que la Biblia nos anuncia y el Reino de Dios que viene en su consumación.[46] En esta etapa intermedia debemos ubicarnos adecuadamente para colaborar con Dios en la redención del hombre y de la sociedad en las dos dimensiones a que hemos hecho alusión en el capítulo anterior: la vertical y la horizontal, la que tiene que ver con la paz con Dios y la que tiene que ver con la paz con nosotros mismos en lo que a necesidades materiales, afectivas, sicológicas, etc. se refiere.

La finalidad terapéutica de la Iglesia

La tarea terapéutica de la iglesia no es un fin en sí misma, es un medio para ayudar al ser humano a concretar el completamiento de su condición humana según el modelo de Jesús de Nazaret. Como dijimos al principio del primer capítulo, no debemos conformarnos con la búsqueda de ese objetivo humano a nivel individual. Todos los cristianos debemos bregar por el completamiento comunitario que es lo mismo que la santificación de la Iglesia.

El término santificación viene de dos términos latinos (*Sanctus* y *facere*) que significa literalmente hacer santo. En el Nuevo Testamento hay dos ideas dominantes con relación al verbo *hagiadso* (santificar). (1) Lo que es apartado, separado o consagrado a Dios. En ese sentido podría interpretarse San Juan 17:17,19. (2) La transformación moral y religiosa de aquellos que entran en relación con Jesucristo. Es en ambos sentidos que Pablo se refiere a la Iglesia en Efesios 5:25-27. Este es el único pasaje del Nuevo Testamento donde se hace referencia al bautismo comunitario, al bautismo de la Iglesia como tal. La finalidad de Jesucristo es santificar a su Iglesia, hacerla santa en las dos acepciones del término. Que esté dedicada, consagrada a su Señor, y que no tenga "manchas ni arrugas". A través de la historia la Iglesia ha tenido, y sigue teniendo, manchas y arrugas; pero sigue existiendo y existirá, porque Dios la sostiene en medio de la tempestad. La voluntad de Dios es la santificación de su Iglesia, que implica la eliminación de las arrugas que la desfiguran y distorsionan y las manchas que son pruebas evidentes de su infidelidad.

En el capítulo anterior hemos examinado, muy someramente, cuatro fuerzas determinantes de la conducta individual. Algunas de ellas, en circunstancias especiales, conspiran contra la plena realización humana y el pleno ejercicio de la vida de fe. También hemos visto, en el presente capítulo, la otra dinámica, la del Espíritu Santo, moviéndose en la Iglesia para santificarla.

La Iglesia, en cada época de su historia, se ha visto sometida a la atracción de fuerzas provenientes del mundo circundante y al mismo tiempo ha influido sobre ellas. La Iglesia está en el mundo y no puede evitar ser influida e influir sobre éste. La situación de confusión, violencia y perplejidad de nuestro tiempo está influyendo de tal manera sobre la Iglesia que han aparecido nuevas formas de división. Es de esperar, no obstante, que la naturaleza terapéutica de la Iglesia le permita sanarse a sí misma para ser la enfermera del mundo decadente y moribundo.

Capítulo 3
El asesoramiento pastoral por medio de grupos

Además de los elementos terapéuticos mencionados en el capítulo anterior, hay otro que merece un tratamiento especial: el asesoramiento pastoral. Pero nos vamos a limitar al enfoque de grupo por dos razones. En primer lugar porque he escrito un libro dedicado al asesoramiento individual: *Psicología pastoral para todos los cristianos.* En segundo lugar porque las crecientes tareas que recaen sobre el pastor y la disminución creciente del número de ministros de dedicación exclusiva pone de manifiesto la necesidad de poder atender a un mayor número de personas.

En *Psicología pastoral para todos los cristianos* enfatizo la responsabilidad de todos los cristianos en el ejercicio del ministerio del amor y del servicio y no he cambiado de opinión; lamentablemente, el sacerdocio universal de los creyentes, que fue una de las banderas de la reforma del siglo XVI, muchas veces existe sólo como principio teórico. Debemos redescubrir esa verdad bíblica expresada por la Iglesia Reformada. Debemos aplicarla no sólo a la relación del creyente con Dios sino también a su responsabilidad pastoral para con el hermano.

En el capítulo anterior he subrayado la responsabilidad de todos los cristianos en el asesoramiento pastoral disciplinario. Si bien este enfoque es correcto, no es aconsejable, ni prudente su aplicación a través del asesoramiento grupal. Cualquier cristiano puede colaborar en un trabajo de apoyo participando en un grupo, pero se requiere cierto entrenamiento técnico y una formación bíblica adecuada para ser el conductor del grupo.

Resulta relativamente fácil para el pastor, y para otros líderes de la Iglesia que con él trabajen en equipo, hacer un trabajo de asesoramiento para el crecimiento personal de los cristianos a todos los niveles de la existencia humana. Lo más lógico es comenzar con las estructuras existentes en la iglesia: escuela dominical, sociedades de jóvenes, damas y caballeros, etc. Existe en muchas congregaciones en América Latina —incluida en la Iglesia Católica— la práctica de organizar pequeños grupos de reflexión, estudio bíblico y oración denominadas comunidades de base. Otros las llaman células. Las posibilidades de trabajar con grupos son muy variadas y desafiantes en la Iglesia de hoy.

Principios generales para el asesoramiento grupal

En este capítulo presentaremos a un grupo funcionando y en él aparecerán la mayoría de los principios generales para una buena tarea de asesoramiento de grupos. Presentaremos algunos principios que no son tan evidentes en los diálogos producidos en el grupo aludido.

1. El centro de atención

No se trata de aprovechar la presencia de un grupo para comenzar a predicar. El pastor debe intentar clarificar, introducir preguntas que tengan el mismo fin; debe aprovechar los aportes que puedan hacer otros miembros del grupo. No debe expresar juicios críticos que impliquen aprobación o desaprobación. En el grupo cada uno está desempeñando un papel. Los miembros del grupo saben quién es el pastor y por qué está participando. Hay mensajes no verbales que llegan mucho más que las palabras: el tono de la voz, la manera de sentarse, las demostraciones (inconscientes y a veces conscientes) de interés o desinterés, etc.

El pastor no debe temer centrar la atención sobre los intereses del grupo. Su presencia ya es un mensaje positivo o negativo. A veces algunos del grupo, sobre todo cuando se trata de personas no creyentes, quieren convencerse de si realmente uno está interesado en ellos, si uno los acepta o si por el contrario lo único que le interesa es "pescarlos para su religión". Un grupo de personas relacionadas entre sí por su interés común —la homosexualidad— me pidieron una entrevista a raíz de la aparición de mi libro *Carta abierta a los homosexuales* (edición argentina de *Lo que todos debemos saber sobre la homosexualidad*). Eran siete personas, de edad entre 40 y 50 años, todos de buen nivel cultural y económico. La amistad entre algunos databa de más de veinte años; entre ellos yo era el extraño. Sin embargo mi presencia les significaba mucho, no por mí mismo sino por el papel de ministro de Dios que esperaban que desempeñara.

Al terminar la segunda entrevista grupal uno de ellos lanzó una invitación y una pregunta: "Les invito a tener el próximo encuentro en mi departamento y yo les invito a cenar. Podemos dialogar mientras cenamos. . . Y usted, pastor, *¿vendría a cenar en casa de un homosexual?* En muy pocos segundos vino a mi mente la actitud de Jesús para con las prostitutas y otros pecadores y de inmediato le respondí: "En casa de un homosexual no, pero iré a su casa con mucho gusto, porque usted es mucho más que un homosexual". Después de la cena pidió disculpas diciendo: "Sabe, pastor, lo que ocurre es que yo tengo un pariente que es líder de una iglesia evangélica y es un 'falluto' [una persona no sincera]. Yo quería convencerme de que realmente usted tenía interés en ayudarnos. Perdóneme por ser tan desconfiado".

El pastor no debe temer centrar su atención en el interés del grupo si está convencido de la naturaleza religiosa del ser humano y de la necesidad de redención, más o menos manifiesta, que está presente en cada ser humano: moral o inmoral, culto o inculto, blanco o negro. El ministro debe tener como presupuesto básico de su trabajo la presencia conflictiva del pecado y de la imagen de Dios en todo ser humano. A todo esto debe sumarse el hecho de la presencia del pastor que se comunica no sólo con las palabras. Veamos un caso.

Un profesional, socio de la Asociación Cristiana de Jóvenes de Buenos Aires, me invitó a una reunión en su casa para dialogar sobre la película *El exorcista*. En el día convenido me encontré con diez matrimonios, casi todos personas jóvenes que habían egresado recientemente de la universidad. El interés básico parecía ser la parasicología, pero antes de arribar a una hora de diálogo surgió el tema religioso. Y me di el lujo de decir: "Pongamos la religión entre paréntesis, veamos primero los aspectos científicos". No habían transcurrido quince minutos sin que las preguntas religiosas surgieran por todos lados. Durante una hora y media más estuve instruyendo sobre la fe cristiana a muy alto nivel. Al día siguiente una de las señoras participantes me comentó:

—Pastor, nos dijo que no iba a hablar de religión y al final, nos llevó hacia donde usted quiso.

—No —le contesté—, yo fui hacia donde ustedes quisieron que fuera.

La presencia de un ministro de Dios es un mensaje. Por lo tanto uno no debe temer que la atención sea centrada sobre las ideas, sentimientos, preocupaciones, frustraciones, conflictos o ansiedades de los componentes del grupo. El pastor debe aprender a escuchar y desarrollar la habilidad de aclarar concepos a fin de clarificar las ideas que bullen, a veces en forma nebulosa, en las mentes de sus interlocutores. La comprensión va implícita en toda la entrevista además del sentimiento de aceptación y respeto por cada una de las personas involucradas. En los dos grupos mencionados actué con respeto hacia personas que tenían una actuación moral e ideológica muy variada: homosexuales, librepensadores, marxistas, cristianos católicos, espiritistas. En ambos grupos sólo uno había sido miembro de una iglesia evangélica. Su relato casi me hace llorar. "Tenía veinte años cuando me convertí en la iglesia. Los tres años que permanecí en ella fueron de victoria. Un día me agarraron fumando en el bar de la esquina y formaron tremendo bochinche. Me sentí terriblemente humillado, me fui de la iglesia, volví a la homosexualidad y aquí tiene lo que ha quedado de mí después de veinticinco años". Es evidente que la iglesia enferma-enfermera del mundo necesita curarse para mejor cumplir su ministerio redentor al mundo moribundo.

2. Composición y características del grupo y medio físico

No hay acuerdo sobre el número ideal de participantes para un trabajo de grupo ideal. El grupo de reflexión sobre la película *El exorcista* sería demasiado grande para un trabajo continuado. En ese caso se trató de una siembra de la Palabra de Dios, de una predicación en forma no tradicional. En este tipo de encuentro de evangelización indirecta no existen muchas dificultades para dirigir a un grupo de hasta treinta personas.[47] Para un trabajo continuado de cinco a ocho personas puede ser el número ideal.

Sugiero que el grupo se siente en círculo y que el pastor sea uno más. En algunos casos es aconsejable sentarse alrededor de una mesa, preferiblemente redonda. Si esto no es posible, sugiero que el pastor no se siente a la cabecera de la mesa. Si el pastor se coloca en esa posición, o detrás de un imponente escritorio, es muy difícil que los demás se animen a expresar sus ideas de igual a igual. Pero estos elementos físicos no son suficientes; es indispensable que el pastor asuma la actitud adecuada.

Cuando se prepara el ambiente físico para el asesoramiento en grupo se debe tener presente que éste debe estar en línea directa con el objetivo que se pretende alcanzar. Toda relación terapéutica en el ámbito de la Iglesia tiene como finalidad la presentación de Jesucristo como Señor, Salvador, Terapeuta, además de modelo humano para ser imitado. De ahí la necesidad de que el salón esté adecuadamente decorado con motivos y símbolos cristianos.

Es importante tener en cuenta las dimensiones del lugar escogido. Es necesario evitar lo que J. R. Gibb denomina "sensación de arena en el desierto y sensación de lata de sardina"[48] en el caso de salones demasiado amplios o pequeños. De ser posible, las paredes deben estar pintadas de color verde claro, lo cual contribuye a hacer el ambiente más agradable y a predisponer favorablemente a las personas hacia los objetivos del encuentro.

La periocidad de las reuniones puede ser una vez por semana. Se debe dedicar alrededor de una hora y media para cada encuentro. En casos especiales se puede limitar a una hora.

Existen dos posibilidades en cuanto a la integración: la de grupo abierto y la de grupo cerrado. En el grupo abierto unos entran y otros salen. En el cerrado hay un compromiso por parte de los integrantes. En general no es recomendable el grupo abierto. Una persona recién llegada podría ser asimilada, pero si el movimiento es demasiado podría obstaculizar o retardar el logro de los objetivos propuestos. Nunca he introducido a una persona en un grupo sin la debida autorización de sus integrantes, esto puede hacerse por vía de excepción.

Una de las reglas del juego es la *discreción*. Los participantes deberán estar seguros de que tanto el pastor como los demás componentes del grupo conservarán el secreto de todo lo que se trate en las reuniones. De no ser así, el grupo no podrá funcionar en forma terapéutica. Es necesario la entrega al grupo, con plena confianza para plantear los problemas más íntimos en la seguridad de que éstos no serán divulgados.

3. Ventajas del asesoramiento en grupo sobre el individual

Sobre las ventajas del asesoramiento en grupo es muy significativa la opinión de Carl R. Rogers, campeón de la técnica no directiva, quien afirma: "Contrariamente a lo esperado, algunas veces es más fácil para una persona hablar en la situación grupal que individualmente con un terapeuta, y esta es una diferencia digna de ser notada".[49] Algo semejante afirma M. S. Olmstead: "El cambio en grupo es más fácil de lograr que el cambio de los individuos tomados por separado; sus efectos son más permanentes; y es probablemente aceptado si el individuo participa en la decisión".[50] Por su parte Kurt Lewin afirma: "Es más fácil cambiar individuos constituidos en grupo, que cambiar a uno cualquiera tomado separadamente".[51]

En líneas generales los conceptos que acabamos de citar son válidos. Pero debemos enumerar algunas otras ventajas. En el grupo el individuo se siente acompañado, no está solo frente al pastor. Al escuchar los problemas de otras personas se da cuenta de que no es la única persona en conflicto y siente deseos de ayudar. No existen dos personas que padezcan el mismo problema con las mismas características. Por la diversidad de la problemática humana, cada miembro del grupo se da cuenta que tiene algo que aportar, que puede ayudar a los demás y al mismo tiempo se coloca en actitud positiva para recibir del grupo. El abismo entre el pastor, supuestamente perfecto, y el pecador inmundo es superado al encontrarse el feligrés con un grupo de personas que sufren dificultades similares. Por otro lado, la persona más tímida puede mantenerse en silencio mientras los demás hablan, hasta ganar confianza al punto de llegar a presentar sus propios problemas.

Hay algunas desventajas del asesoramiento individual que no aparecen o no son tan riesgosas en el enfoque grupal. Veamos.

(1) Si el Pastor —que no es más que un ser humano— no tiene resuelto a nivel personal el problema que le plantea el feligrés se encontrará en situación difícil. En el encuadre del grupo el mismo pastor puede beneficiarse de las reflexiones del mismo. Ocurre a veces que cuando un pastor predica un buen sermón él mismo es la persona más beneficiada. Se beneficia al orar para la preparación, en la investigación y a través de la predicación. Por lo menos a mí me ha ocurrido y sospecho que a otros pastores debe pasarle lo mismo. En el caso del asesoramiento pastoral individual, el pastor con problemas personales no resueltos puede optar entre las siguientes posibilidades: (a) Hacer rebotar el caso, delegarlo, hacerse el muy "ocupado", etc. (b) Orientar mal a la persona por causa de su propia inseguridad. (c) Hacer o hacerse daño.

(2) Que el pastor no tenga la suficiente capacidad para orientar sobre un problema específico. En algunos casos los feligreses aceptan "como palabra de Dios" lo que les dice un ministro, que a veces no puede orientar correctamente. En tales casos es aconsejable el trabajo de grupo donde puedan colaborar como apoyo una o dos personas que hayan superado la dificultad que se encara.

(3) Si la persona que viene en pos de ayuda lo que realmente procura es encontrar un chivo emisario, un compañero de diálogo, o un confesor y nada más, no logrará sus propósitos en el asesoramiento de grupo. Es más fácil lograrlo en la entrevista individual. Hay personas que vienen al pastor en busca de ayuda, pero tienen un plan secreto —consciente o inconsciente— de hacer fracasar el proceso; de esta manera tendrán una excusa para su mal comportamiento. "Hice todo lo que pude: oré, busqué

asesoramiento pastoral, pero lo mío no tiene más remedio; es algo más fuerte que yo".

4. Desventajas del asesoramiento de grupo

Como muy bien lo señala Carl Rogers: "Individuos gravemente perturbados pueden encontrar la situación en grupo demasiado amenazadora y requerir terapia individual".[52] En el grupo a que vamos a referirnos extensamente en este capítulo, una de las personas (que vamos a llamar BZ) al principio se resistió a entrar en un grupo donde todos tendrían que plantear sus problemas. Cuando se dio cuenta de que no continuaría recibiendo orientación individual —porque yo no disponía de tiempo— llamó por teléfono para preguntar si era posible asistir como oyente a la primera reunión con la condición de que nadie conociera su identidad. Aceptamos y a partir de la segunda entrevista él mismo contó que había sentido terror a que se le ubicara en su problema. No obstante, como se sentía bien en el grupo, él mismo dio su nombre y apellido a los demás participantes, algo insólito porque trabajábamos sobre la base del nombre solamente. El quiso mostrar cuánta confianza tenía en el grupo.

Otra desventaja es la de poner en evidencia sus limitaciones humanas. Uno tiende, inconscientemente, a defenderse ante los demás: "No quiero que estos vayan a pensar que soy. . ." Los mecanismos de defensa actúan en forma inconsciente pero con una fuerza extraordinaria. Me he ocupado de ellos en el segundo capítulo de mi libro *Psicología pastoral para todos los cristianos*.[53] "Los mecanismos de defensa funcionan como las antenas de un insecto, que examinan el medio circundante en busca de señales de peligro. . . La sicoterapia de grupo sólo puede resultar en la medida en que los pacientes empleen sus mecanismos de defensa y gradualmente se hagan conscientes de ello".[54] En este caso la desventaja se convierte en ventaja porque ayuda al autoconocimiento de los motivos impulsores ocultos. La interpretación del pastor sobre la base de sus conocimientos de la dinámica de la personalidad son fundamentales.

5. La tradición grupal de la Iglesia

El trabajo de grupo forma parte de la tradición de la Iglesia desde que Jesús escogió a doce personas para integrar el núcleo central de la Iglesia que estaba fundando. Ese grupo, que funcionó durante casi tres años, estaba integrado por hombres comunes, débiles, incultos, falibles. Pero el Conductor del grupo tenía mucho que aportar. Los Evangelios presentan tres características básicas en Jesús como Conductor o Coordinador del grupo inicial: su amor por las personas, su extraordinaria humildad que hizo posible que sus discípulos lo sintieran como a un igual, aunque no lo era, y finalmente, un gran respeto por las personas a pesar de sus fallas morales. Si leemos cuidadosamente los Evangelios Sinópticos, podemos, en cierta manera, reconstruir la temática de la dinámica grupal que Jesús dirigió.

Jesús, al comienzo de los Sinópticos, ofrece elementos de reflexión para facilitar el proceso de maduración que culmina en la confesión de Pedro sobre la naturaleza de su Conductor (Mateo 16:13-20). La declaración de Pedro es el eje alrededor del cual gira la metodología de Jesús en su trabajo grupal con sus discípulos. Después de este hecho Jesús se vuelve más exigente y anuncia su muerte.

Si analizamos el resultado del trabajo grupal a nivel humano, tendríamos que afirmar que Jesús fracasó: uno de ellos lo traicionó, otro fue un cobarde, otros eran ambiciosos que sólo esperaban los primeros lugares en el reino que esperaban Jesús instauraría. Ante el riesgo de morir junto con su Maestro, los discípulos lo abandonaron. Sólo Juan estuvo junto a la cruz. Jesús estuvo sembrando por tres años, pero la cosecha se produjo después de su resurrección. Cuando la presencia de Dios en Jesucristo se hizo incuestionable por la certeza de la resurrección, resurgió toda la riqueza del trabajo grupal. Aun cuando se trataba de un grupo de gente sencilla e inculta, sólo una veintena de años después de la resurrección de Jesucristo se dijo de ellos en la culta y lejana Macedonia: "Estos que trastornan el mundo entero también han venido acá" (Hechos 17:6).

Creo que no sería correcto hablar de técnicas[55] de grupos de Jesús. Más bien se trata de actitudes de gran contenido humano. Por encima de estas actitudes está la acción divina que transforma a los discípulos de hombres en fuga en apóstoles de las enseñanzas recibidas en dinámica de grupo durante tres años. Igualmente nosotros, los seguidores de Jesucristo que encaramos tareas pastorales hoy, no debemos confundir el manejo de técnicas exitosas con la obra del Espíritu Santo en el grupo y a través de nosotros. En todo lo que realizamos en la Iglesia, o fuera de ella, debemos estar confiados en el poder del Espíritu Santo, el único que puede transformar a un grupo de individuos. Aquí vale la afirmación del médico medieval a que hemos hecho referencia: "Yo lo vendo, Dios lo cura".

A través de la historia de la Iglesia, los pequeños grupos han cumplido un rol muy significativo. Basta con recordar que el avivamiento metodista, que comenzó en Inglaterra en el siglo XVIII, se inició en un grupo de reflexión y de oración integrado por estudiantes de la Universidad de Oxford. Al extenderse el avivamiento como reguero de pólvora, Juan Wesley y sus colaboradores organizaron las "Reuniones de Clase", pequeños grupos para la edificación y reflexión sobre el ministerio que Dios les llamaba a cumplir.

En los días en que vivimos necesitamos reavivar las actividades de *pequeños grupos* para la edificación de los creyentes y el cumplimiento de la misión al mundo. Entre éstos se necesitan los grupos de asesoramiento pastoral de grupo.

Análisis del funcionamiento de un grupo

No voy a ofrecer toda la información con relación a cierto grupo que deseo analizar. En primer lugar porque sería demasiado extenso; tengo alrededor de ochenta páginas de notas sobre este grupo. En segundo lugar porque no puedo ofrecer ciertos datos para evitar la identificación de las personas envueltas. Si bien todos han dado su consentimiento para que utilice el resultado de nuestro trabajo de grupo para ayudar a otras personas, se insistió en que sería indispensable eliminar toda información que sirviera para identificarlos. He tomado todas las precauciones para que esto no ocurra. Además, existen en Buenos Aires alrededor de quinientas congregaciones evangélicas y un número mayor de templos católicos. En tercer lugar, no todas las entrevistas tienen el mismo valor. He escogido aquellas que puedan servir de ejemplos en cuanto a metodología, a actitudes, que puedan ser seguidos por otros pastores que deseen iniciarse en el desafiante trabajo del asesoramiento pastoral a través de grupos. El proceso terapéutico que voy a presentar es válido, cualquiera que sea la naturaleza del problema que el grupo necesite encarar.

1. La integración del grupo

No carece de sentido el formar grupos con problemas diferentes de fe, familiares, morales, etc. Pero es mucho más difícil lograr resultados porque se diluye mucho la reflexión. Es mejor que el grupo tenga una problemática común y objetivos comunes.

El caso que tenemos delante es bien homogéneo. Todos encaran la lucha contra las inclinaciones hacia la homosexualidad. Todos profesan la fe cristiana (tres proceden de diferentes iglesias protestantes y dos son católicos). Con excepción de uno de los católicos, todos eran muy activos en sus respectivas iglesias. Las cinco personas que integraron el grupo se conocieron cuando yo los presenté. Aunque todos habían asistido a un corto ciclo de conferencias sobre el tema general: "Cómo liberar a los homosexuales por la psicología y los recursos de la fe cristiana", que dicté en la Asociación Cristiana de Jóvenes de Buenos Aires. Las conferencias fueron ampliamente publicadas por la prensa y la radio y la asistencia fue muy numerosa.[56] El debate fue muy movido y me ayudó a revisar algunos puntos de vista. Como consecuencia de las conferencias algunas personas me solicitaron entrevistas personales. Ante la imposibilidad de atender a muchas personas a nivel individual, decidí formar este grupo. No tuve éxito en lograr que dos señoritas lo integraran. Preferían un grupo sólo para mujeres, pero éste sería muy reducido. En fin, el grupo se integró con cinco hombres.

2. Características de los integrantes

Todos eran personas con alguna formación cristiana, cuatro asistían a la iglesia una o más veces a la semana. En este análisis vamos a identificar a estas personas por medio de las cinco primeras letras del alfabeto y después nos referiremos a una sexta persona que se relaciona de alguna manera con el grupo y a la cual llamaremos F. La edad de A, C, D y E, oscila entre los diecinueve y los veinticinco años. *BZ* es el mayor; en el momento en que se integró al grupo su edad estaba entre los 35 y los 40 años. (De aquí en adelante a todos les añadiremos la letra Z como apellido.)

AZ se había convertido recientemente, era el más joven del grupo. Había sido bautizado un año antes de su integración al grupo. Había venido a mis conferencias por recomendación de su pastor, quien conocía sus antecedentes y lo había ayudado mucho. Desde su conversión no había tenido recaídas pero se sentía tentado permanentemente. Confiaba a su pastor todas sus dificultades con mucha sinceridad y éste trataba de ayudarlo. Nunca había tenido novia ni relaciones heterosexuales.

BZ aceptó venir al grupo como oyente para después lograr una plena integración. Es una persona muy tímida y con grandes sentimientos de culpa. Muy pocas veces en su vida logró concretar relaciones homosexuales. Siempre que caía iba a confesarse, pero no confesaba las caídas menores, como las denominaba él. Su asistencia a la iglesia era eventual. No había tenido novia, pero había tenido relaciones con una enfermera que le recomendó un siquiatra.

CZ es un católico militante. Cayó muy pocas veces, lo cual le producía un terrible sentimiento de culpa. Dos veces intentó suicidarse ante su incapacidad para dominar sus impulsos. Había tenido un noviazgo que duró sólo una semana. No conocía las relaciones heterosexuales.

DZ era evangélico militante, a diferencia de *AZ* y de *CZ*, su pastor desconocía su vida doble. Tenía una activa vida homosexual completamente desconocida para su congregación. No tenía interés por las mujeres; consecuentemente no había tenido novia ni relaciones heterosexuales. No parecía tener sentimientos de culpa por su actividad al margen de la sexualidad normal.

EZ es evangélico militante. Como *DZ,* hacía una vida doble que era desconocida para su congregación. Gozaba de mucho prestigio entre la juventud, y se cuidaba mucho de no tener actividades sexuales con personas conocidas. Tenía una amplia experiencia sexual tanto en relaciones heterosexuales como homosexuales. Su primera experiencia fue homosexual.

3. Primera entrevista

AZ llegó veinte minutos antes de la hora convenida. Estaba muy nervioso. "Aparte de usted y mi pastor, nadie entre los creyentes conoce mi problema. . . ¿Me conocerá alguno de los otros? Si así fuere. . . ¿Se comprometerá a guardar silencio?" Finalmente dijo: "Si no fueran creyentes tendría otros temores, pues temo mucho al desprestigio".

BZ llegó a la hora convenida y sus únicas palabras fueron: "Como le expliqué, pastor, yo vengo sólo como oyente y por el día de hoy".

CZ llegó muy nervioso. Tenía las orejas intensamente rojas.

DZ llegó muy sonriente y saludó dando la mano a todos.

EZ llegó con quince minutos de retraso. Su rostro mostraba una sensación de espanto. Miró a todos sin saludar y por fin se sentó sin decir una sola palabra.

La situación era tensa. Les expliqué que nos reuníamos como hermanos en Cristo y bajo la dirección del Espíritu Santo para tratar de encontrar soluciones al problema que a todos preocupaba por sus convicciones cristianas. Expliqué que me había reunido con cada uno de ellos en privado, que conocía cuáles eran las dificultades y que creía que todos podían ayudarse mutuamente. Afirmé que el denominador común de la fe sería una ayuda fundamental para el éxito del proceso que íbamos a iniciar. Leí el primer capítulo del libro de Josué y después releí los versículos donde se enfatiza el mandato divino: "*Esfuérzate y sé valiente*". Después oré pidiendo la dirección divina y la presencia del Espíritu Santo. Por fin, según lo convenido anteriormente, los presenté usando sólo el nombre real excepto en el caso *BZ* que me había pedido usara un nombre diferente al suyo. En la presentación incluí la información sobre la confesión religiosa a que cada uno pertenecía. Expliqué que si bien el problema de base era el mismo, había en el grupo diferentes tipos de homosexualidad y por lo tanto cada uno tendría algo que aportar y mucho que recibir de los demás, siempre en perspectiva cristiana. Expliqué que uno de ellos iniciaría cada reunión hablando de las actividades de la semana anterior y de los progresos y dificultades. Para evitar que cayéramos en un silencio sepulcral había convenido con *AZ* —con quien me había entrevistado el día anterior— que él comenzaría contando sus dificultades y así lo hizo:

"No he tenido relaciones desde que me convertí, pero creo que estoy enamorado de un chico de veinte años y eso me tiene muy preocupado. No quisiera volver a caer. El pastor, que conoce mi problema, me ha sugerido que rompa esa amistad, pero me cuesta mucho".

DZ interrumpe asombrado para decir: "¿Pero tu pastor sabe lo que eres?"

AZ "Claro que lo sabe. El es una persona muy comprensiva".

EZ en tono un poco cínico pregunta: "¿Quiere eso decir que tu pastor también pertenece a la cofradía?"

AZ se enoja y quiere pegarle. Costó trabajo tranquilizarlo. Les expliqué que todos estaban nerviosos y un poco tensos. Que de alguna manera había que canalizar las emociones y que deberíamos sacar provecho de la experiencia desagradable del comienzo del proceso. Cuando todos están tranquilos *CZ* dice:

"Yo no entiendo nada. Se ha formado una bronca entre protestantes mientras que los católicos hemos estado tranquilos. Yo creía que los protestantes tenían cierto consenso sobre la pastoral. Me asombra que existan divisiones tan grandes entre ustedes.

El resto de la entrevista se basó en el intercambio de ideas sobre la pastoral católica y protestante. Me di cuenta de que el grupo se desviaba del problema básico que les reunía y lo permití deliberadamente.

El grupo se dividió en tres. *AZ* y *CZ* formaron un grupo compacto frente a *DZ* y *EZ*. Por su parte *BZ* permaneció todo el tiempo sumido en un silencio sepulcral.

Según el bloque *AZ–CZ* la fe de sus interlocutores no podía ser edificada si sus directores espirituales no conocían sus dificultades. Aquellos afirmaban que si su problema fuera conocido serían expulsados de la iglesia y que ellos amaban al Señor. *DZ* mencionó el caso de un joven que fue expulsado de la congregación por sospechas de homosexualidad. "Si yo le digo al pastor lo que me pasa, me hace pedazos", dijo. El bloque *AZ–CZ* sugirió un cambio de congregación para sus interlocutores. Pero ellos se resistieron a tal idea y comenzaron a utilizar argumentación teológica.

Al acabarse el tiempo preestablecido, les felicité por la capacidad dialéctica que habían mostrado y les exhorté a continuar en la próxima reunión, en la cual volveríamos sobre el tema de la homosexualidad, en ese espíritu de total autenticidad y honestidad. Entonces *CZ* sugirió un cambio de sede para las reuniones. Afirmó que algunas personas lo conocían en el lugar donde yo tengo mi oficina y que alguien podría sospechar si lo veían saliendo de mi despacho una vez por semana. *EZ* expresó los mismos temores, sobre todo porque lo habían visto asistiendo a las conferencias sobre la homosexualidad. Desde entonces las reuniones se llevaron a efecto en diferentes lugares. Varias veces nos reunimos en un restaurante, en un comedor privado, y tratamos libremente el asunto. El mozo venía sólo cuando se le llamaba.

4. Segunda entrevista

Los cinco llegaron casi juntos. *BZ* me había manifestado por teléfono su interés en integrarse definitivamente al grupo. Me explicó cómo la reunión le había sido de ayuda y que deseaba continuar participando. Sugerí que retornáramos al diálogo donde se encontraba en el momento en que la discusión teológica nos desvió del tema central después que cada uno expresara su opinión sobre la reunión anterior. Todos coincidieron en que habían estado nerviosos y que la semana que había transcurrido desde entonces les había ayudado a reflexionar sobre lo que había ocurrido. Los comentarios eran positivos y expresaban gran esperanza para el futuro. *EZ* le pidió disculpas a *AZ* por su comentario irritante sobre la posible homosexualidad de su pastor y añadió: "Perdóname. Lo hice deliberadamente para herirte. No sé por qué lo hice, no sé. Perdóname. La actitud de *EZ* cayó muy bien al grupo. Decidimos continuar el hilo de lo que trataba de relatar *AZ*, quien continuó de esta manera:

"Es un chico macanudo. El sabe lo que soy, pero me acepta como persona y trata de ayudarme. Hicimos el bachillerato juntos y nunca pasó nada entre nosotros. El quiere sacarme de esto. Una vez consiguió una chica para que me acostara con ella.

EZ interrumpe para decir: "¿Y qué pasó, ché? Cuéntanos".

"No pasó nada", dijo *AZ*. "Para mí fue cosa de risa. Ella se vino con todos los chiches, pero no reaccioné. Realmente no tenía interés".

AZ vuelve sobre su enamoramiento. "Lo normal es que él tenga una novia y se case. Por un lado lo deseo. Comprendo que es algo que no es mío y que yo puedo hacerle daño, pero no soportaría verlo con una chica. El día que fui con ella a la cama sólo pensaba en que ella había estado con él".

El grupo comenzó a discutir si no había tenido erección porque era la chica de su amigo o por otra causa. Después de un largo intercambio de ideas *AZ* reconoció que cuando la chica se desnudó para seducirlo lo que le vino a la mente fue otra mujer desnuda que había visto antes: su madre. El tenía sólo seis años. Ella no sabía que él había regresado de la casa de la vecina y salió desnuda del baño. Para él fue una tremenda impresión. Reconoció que en casi todas las mujeres ve a su madre. Que quiere mucho a las mujeres, que le gusta estar con ellas, pero sólo como amigas.

BZ abre su boca por primera vez para decir: "Tuviste suerte de que esa chica quiso ayudarte. Creo que si yo

hubiera tenido esa oportunidad habría salido de la situación en que me encuentro. Hace años tuve relaciones satisfactorias con una enfermera, todo arreglado por el siquiatra que me atendía. Si ella hubiera querido hacerlo por ayudarme todo habría sido diferente. Sentí placer, pero me pareció que estaba con una prostituta. Ella fue a cumplir su misión sin interesarse en mí. Creo que pensaba en lo que iba a ganar. El siquiatra me cobró mucho y supongo que una buena parte fue para ella. Como católico creo que las relaciones sexuales deben realizarse dentro del matrimonio. Lo hice por prescripción médica. En tu caso yo habría tenido relaciones con esa chica y después le habría propuesto matrimonio. En caso de que no lo aceptara el problema sería suyo. La enfermera era casada".
AZ contestó que a veces un homosexual puede echarle a perder la vida a una chica casándose con ella para salir de su problema. Insistió que es necesario actuar con autenticidad. Como cristianos, "no debemos usar a alguien como un instrumento para nuestro beneficio. Sería un pecado convertir a una mujer en medicamento para curar nuestra enfermedad", dijo.

BZ muy convencido de lo que decía, responde: "Te equivocas. Tengo un amigo que después de haber vivido diez años con un hombre éste lo dejó por otro. Con la ayuda de un siquiatra consiguió una mujer que quiso ayudarlo sin exigir nada. Finalmente se casó con ella y son muy felices. Tú has tenido una oportunidad que no aprovechaste y que yo desearía tener".

Tercié en el debate mostrando que no hay dos homosexuales exactamente iguales porque las causas de este mal son muy diversas y muy variadas las personalidades. Que no había por qué culpar a *AZ* y que recordaran que eso había ocurrido dos años atrás.

Terminamos la reunión con un estudio bíblico que había preparado cuidadosamente y después invité a que todos los que desearan orar lo hicieran. Insistí en que las oraciones deberían tener por lo menos cuatro partes: (a) alabanza, (b) confesión, (c) pedido de ayuda y (d) intercesión por sus compañeros. Todos oramos con la excepción de *BZ* que se excusó por no estar acostumbrado a hacerlo. Fueron oraciones muy sentidas y sinceras, algunas con lágrimas.

5. Tercera entrevista

Inicia el diálogo *DZ* afirmando: "Me siento un poco sapo de otro pozo entre ustedes. Me siento un poco cohibido, pero creo que para que el grupo funcione todos debemos ser sinceros. Yo estoy teniendo relaciones dos veces por semana con un hombre. El es casado. A veces voy a su casa cuando la esposa está en el trabajo y los chicos en la escuela, a veces salimos en su coche o vamos a otros lugares. Vive en el mismo edificio. Cuando se discutía si *AZ* debía o no continuar la amistad con ese chico en contra de la opinión de su pastor yo me callé la boca. Y no porque no tenga opinión; creo que debe romper con ese chico. Durante la semana me he preguntado: ¿Qué derecho tengo a pensar así si yo estoy haciendo algo peor? Creo mi deber confesar a ustedes este problema y pedirles que me ayuden. . ." (llanto). Se hace un silencio sepulcral. Entonces *DZ* añade: "He pensado en suicidarme. Lo tengo todo preparado. ¿Cómo es posible que siendo cristiano no pueda abstenerme cuando ustedes pueden? Le he rogado al Señor una y mil veces y todo sigue igual".

BZ asume una actitud paternal y con una voz muy alterada por la emoción le dice: "Pero cómo es posible que hayas pensado en suicidarte, vos un chico cristiano. No, no puedes hacer eso. Aquí estamos tus hermanos en Cristo para ayudarte".

Como conductor del grupo asumo una actitud no directiva. Trato de mantener al grupo en una línea coherente de reflexión. Con preguntas o comentarios los vuelvo a la realidad cuando tienden a caer en la fantasía, algo muy común en este grupo particular. Algunos en el grupo, sin darse cuenta, se turnan para asumir la actitud directiva, es decir, en dar el consejo; lo hemos visto en *BZ* enfatizando que *DZ* no debe suicidarse por causa de su fe. Después se extendió sobre las consecuencias eternas del suicidio, la condenación, el purgatorio, etc. *EZ* interrumpió para decir que el purgatorio era una creación papista sin fundamento bíblico. Tuve que intervenir y recordarles cómo nos habíamos desviado en la primera entrevista.

Después de calmado, *DZ* continúa su exposición. Se siente mal porque ha presentado una excusa en la iglesia para no cumplir una responsabilidad del próximo domingo. La realidad es que se va el fin de semana para Mar del Plata con el hombre con el cual sostiene relaciones. Este ha convencido a su familia de que sale en viaje de negocios y ciertamente atiende algunos negocios, pero va acompañado.

Cada uno de los miembros del grupo expresa su opinión y todos coinciden en que no debe ir. El que lleva la carga en su papel eminentemente directivo es *EZ,* quien dijo: "Mira te voy a hablar con franqueza, la Biblia es bien clara al respecto. El Señor nos dice que no hay más que dos caminos. Si sigues por el camino ancho del pecado, jamás cambiarás, perderás el tiempo y se lo harás perder al pastor que tanto interés tiene en ayudarnos. Es más, creo que nos perjudicas creándonos tensiones. Creo que tienes dos caminos, o te sometes a la disciplina del grupo que opina que no debes ir con ese tipo o sales del grupo". Después de estas palabras se hizo un profundo silencio. Entonces *EZ* un poco en forma jocosa dijo: "Mirá, ché, lo que tenés que hacer es buscarte una buena mina y olvidarte de todas esas pavadas". Al instante *DZ* ripostó: "¿Y por qué no te la buscás vos? Al fin y al cabo somos iguales. . . ¿no? " *EZ,* que es una persona extrovertida y dinámica agarró el guante del desafío al instante diciendo: "Claro que me la voy a buscar, pero prométeme que tú vas a hacer lo mismo". *CZ* propone: "Todos debíamos hacernos el solemne propósito de buscar novia; al fin y al cabo no vamos a resolver nuestro problema hablando entre hombres".

El resto de la entrevista se centró sobre la necesidad de que cada uno procurara encontrar novia. *AZ* se mostró muy escéptico sobre el asunto y *BZ* dijo que mucho le gustaría, pero que era muy tímido y no se atrevía a acercarse a las mujeres. "Si una mujer me ayudara", dijo, "me sentiría muy feliz de comenzar un noviazgo". Ante la presión de *CZ* y *EZ,* al fin *DZ* prometió no ir a Mar del Plata y se animó a tratar de acercarse a una chica con vistas a formalizar un noviazgo. Como de costumbre, terminamos en oración. Me llamó la atención la oración de *AZ,* quien oró así: "Señor, vos sabés que no me gustan las mujeres y eso está mal. Sé que estoy enfermo, Señor, así como mis compañeros de infortunio. Aunque fuere un anormal toda mi vida, yo te ruego, Señor, por mis hermanos, ayúdalos a conseguir novia. Amén".

6. Cuarta entrevista

CZ y *EZ* expresaron su alegría porque habían comenzado una amistad muy especial cada uno con una chica de su congregación respectiva. *CZ* salió de paseo con ella tres días consecutivos y visitó su hogar. Todo parecía andar muy bien. *EZ* también estaba entusiasmado, aunque las cosas no andaban muy adelantadas. *DZ* estaba muy serio; parecía perturbado. "¿Qué te pasa?", preguntó *EZ* y añadió: "Apuesto a que no te atreviste a acercarte a una chica".

"Sí, lo hice", respondió *DZ.* Entonces todos mostraron interés en saber por qué estaba tan serio. *DZ* comenzó diciendo: "Me acerqué a una chica que siempre se había estado insinuando y que yo nunca le había dado bolilla. La invité a ir al cine y después la llevé a su casa, pero me asusté un poco".

"¿Por qué? ¿Te mordió?", preguntó *EZ.*

"Tomemos esto en serio o no sigo hablando", dijo enojado *DZ*. Por fin prosiguió: "Es una joven muy apasionada. No le había dicho nada y trató de besarme. Yo la abracé un poco y le dije que no quería comprometerme besándola, que yo era una persona muy tímida".

Al ver la cara de *EZ* pude imaginar el tipo de comentario que iba a hacer y pregunté: "¿Tienes una idea de por qué no la besaste?"

"Sí, lo sé, tuve miedo. . . de que me gustara y que después no me interesaran los hombres". Aquí no pude detener a *EZ* que se mostró muy agresivo y hasta dijo una palabrota. *DZ* replicó, "Yo estoy cumpliendo las reglas del juego. Creo que bien podría haber mentido. Es cuestión de ser sinceros, ¿no? Yo no quisiera que me gustaran los hombres, pero me gustan. Pero para que te enteres, *EZ*, el viernes discutí con ese señor porque quería exigirme que fuera con él y se atrevió a pegarme y ahí se acabó todo. He roto con él. Estoy tratando de empezar una vida nueva, pero es necesario que estemos unidos y que seamos sinceros".

EZ se disculpó y continuó la reunión. *BZ* presentó su desilusión. Un amigo le había prometido presentarle a una señorita que deseaba encontrar un buen hombre para casarse. Pero es muy mayor; tiene 45 años, dijo. Estas eran sus razones: "Si llego a enamorarme de ella desearía casarme y tener hijos y ella tiene demasiada edad para eso. Desearía encontrar una compañera que tenga entre 30 y 40 años".

Entonces introduje una pregunta nueva: ¿Cómo ven ustedes la posibilidad de ser padres?

AZ dijo: "A mí no me interesan las mujeres, pero mucho menos me interesa ser padre. ¿Para qué, para que salgan hijos como yo?" Surgió la discusión y se arribó a la conclusión de que los hijos de los homosexuales no lo son necesariamente. Que la homosexualidad raramente se trasmite por vía genética. Más bien se trata de un problema sicológico.

DZ cambia de tema diciendo: "Me alegro mucho de haber roto con ese tipo. Es evidente que soy otra persona desde entonces. Tres personas me lo han dicho, entre ellas la chica. Espero que voy a seguir por buen camino". *AZ* manifestó que se sentía espiritualmente mal. No había leído la Biblia ni orado durante toda la semana, no sabía por qué. Al fin dijo: "Quizás porque sabía que los otros estaban tratando de conseguir novia, lo cual pienso que jamás yo lograré". Tuvimos un breve estudio bíblico sobre Gálatas 6 y terminamos la reunión en oración.

7. Quinta entrevista

AZ comenzó diciendo que se sentía muy perturbado por unos sueños terribles que había tenido. *CZ*, conocido en el grupo como "el sicólogo" porque le gustaba mucho la psicología, se ofreció para interpretarlos. El grupo se entusiasmó con la idea y *AZ* relató los sueños que tanto le perturbaban. Uno se refería a su madre teniendo relaciones sexuales con un hombre. El otro trataba de una mujer rubia con muchos hijos, la cual, refiriéndose al más pequeño, dijo: "Este es afeminado; yo lo hice así". *AZ* añadió: "Me encontré con la mujer y me parecía que la conocía, pero no era mi madre. Ella me invitó a pasar y entonces me dijo eso, que había hecho un hijo afeminado".

CZ estaba tan interesado en interpretar los sueños que le di la oportunidad. Este comenzó diciendo: "El más chico eres vos y los hijos mayores son los hermanos que hubieras querido tener para no sentirte tan solo. Creo que la mujer que tenía relaciones sexuales y la rubia con muchos hijos del otro sueño son la misma persona, tu madre. Es posible que el hombre que tenía relaciones con tu madre fuera tu padre y que en algún momento hayas pensado que eres así porque así te hicieron".

Después de escuchar la interpretación, *AZ* comenzó a hablar y lo hizo largamente. Su papá murió cuando él tenía nueve años. Siempre durmió en la misma pieza con sus padres. Al quedar huérfano ocupó en la cama el lugar del padre hasta que cumplió los dieciséis años. Recuerda que su mamá tenía relaciones con un hombre y él los había sorprendido varias veces. Se enojaba mucho cuando los encontraba. Un día amenazó con irse de la casa y ella prometió no hacerlo más. El se sintió profundamente lastimado. Se habló largamente del Complejo de Edipo. *DZ* había leído mucho sobre Freud y *BZ* había estado en tratamiento por muchos años, y por lo tanto estaba familiarizado con la terminología sicoanalítica. *AZ* y *EZ* habían completado el ciclo de estudios secundarios, los otros tres eran de nivel universitario.

8. Sexta entrevista

Por primera vez el grupo se reunía sin algunos de sus integrantes. *BZ* y *DZ* estaban enfermos y *EZ* no pudo venir por razón de trabajo. *EZ* me pidió por teléfono que anunciara al grupo que había concretado su relación amorosa con la chica, pero que habían decidido mantenerlo en secreto por algún tiempo.

En la reunión estaban sólo *AZ* y *CZ*. CZ expresó que la amistad con la chica de su parroquia marchaba muy bien y que los padres de ella parecían muy complacidos. Lo habían invitado a cenar y no ponían reparos en que él saliera con su hija. Ellos son muy activos en la parroquia, dijo.

AZ dice que tuvo una discusión con su pastor porque éste lo vio por la calle con el joven del cual estaba platónicamente enamorado. Se sintió muy impresionado por sus palabras, que fueron fuertes, dijo. Expresó que él se había opuesto a que *DZ* fuera a Mar del Plata con aquel hombre, pero no se había dado cuenta de que sus relaciones con el amigo eran peligrosas para los dos. Dijo que la reprimenda del pastor le ayudó a cortar por lo sano. Piensa que de otra manera jamás saldría de la homosexualidad. Se sintió muy complacido de los progresos de *CZ* con su amiga, pero expresó sus temores de que jamás se sentiría atraído por una mujer. *CZ* asumió el papel de pastor y de sicólogo y lo orientó muy bien. Al final *AZ* expresó su interés en "consagrarse al Señor" y convertirse en un ser asexuado. Expresó que su ambición era dedicarse a algún tipo de ministerio dentro de la Iglesia y eliminar todo tipo de relación sexual. *CZ* trató de convencerlo de que él debería luchar. Le dijo que no era lógico que un hombre joven se diera por vencido. A lo cual *AZ* respondió: "Me fastidia el sexo. Quisiera desterrarlo de mí. Quisiera que no me gustaran ni los hombres ni las mujeres". Entonces se produjo el siguiente diálogo:

Pastor: Dios inventó el sexo y todo hombre normal tiene erección. ¿No es así?

AZ: Sí, esa cosa fea me ocurre casi todos los días por la mañana. A veces pongo el despertador para las tres de la madrugada para ir a orinar a esa hora para que no se me produzca la erección al amanecer.

Pastor: ¿Qué quieres decir con eso de cosa fea?

AZ: No sé, me da rabia cuando tengo erección. Si pudiera cortarme esa cosa fea, me la cortaría.

Pastor: ¿Tendrá eso algo que ver con los sueños del otro día y con tu madre?

AZ: Ya le dije que dormí con mamá hasta después de haber cumplido los dieciséis años.

Pastor: ¿Recuerdas haberte despertado con erección y deseando a tu madre?

AZ: No me acuerdo. Sólo recuerdo que siempre me molestaba cuando me despertaba con el pene erecto.

Pastor: Luego, ¿existe la posibilidad de que el malestar que sientes ahora esté relacionado con el que experimentabas cuando dormías con tu madre?

AZ: Pienso que sí. Debe haber alguna relación.

Y nos relató cómo se hacía el dormido para escuchar las

relaciones sexuales entre sus padres. Entonces hice una pequeña charla sobre orientación sexual y le di oportunidad a *CZ* para que participara. Tratamos de hacerle comprender la relación existente entre su homosexualidad y su concepción de la madre como mujer-tabú extendido a las demás mujeres. Comentó que fué muy sobreprotegido, mucho más después de quedar huérfano. No lo dejaban tener amigos. Tenía que estar en casa o en la escuela. La madre lo llevaba y lo traía. Cuando él cumplió catorce años, la madre le permitió a un amigo de dieciséis años que lo visitara, el cual lo inició en la homosexualidad. Cuando la madre sospechó le impidió el acceso a la casa, pero *AZ* se escapaba por las noches para encontrarse con él. Después tuvo relaciones con otros chicos hasta su conversión.

9. Séptima entrevista

DZ expresa que le hizo mucho daño faltar a la reunión anterior. Durante el tiempo de las entrevistas había podido vencer la masturbación, pero había caído en ella otra vez. Pide ayuda al grupo para ver cómo superar ese problema.

CZ sugiere que la supresión de las relaciones sexuales le han movido a buscar un sustituto. *DZ* afirma que esto es muy probable porque en el cuadro mental que él se hace está con el señor con quien sostuvo relaciones. *EZ* afirma que es tan pecaminoso lo uno como lo otro. "Es distinto", afirma, "si se hace al revés. Yo me he masturbado pero pensando en mi chica, que es algo diferente". *BZ* confiesa que él se masturba, que sabe que es pecado, pero que no puede evitarlo. *CZ* afirma que la masturbación es signo de inmadurez y que él la ha vencido completamente.

EZ pregunta a *DZ* sobre las relaciones con su chica. Este dice: "Bueno, puedo informarles que tengo novia sin que le haya dicho ni siquiera qué ojos más lindos tienes. Sencillamente me presenté en la iglesia como su novio y yo sonreí y me callé la boca mientras todos nos felicitaban. Los padres vinieron a hablar conmigo, me mani-

festaron su alegría y hasta me ofrecieron ayuda económica
para el casamiento. Yo no salía de mi asombro. El padre
me ofreció uno de sus coches para que sacara a su hija
a pasear. Ahora que dispongo de un coche la situación es
peor pues salgo con ella y sinceramente. . . le tengo miedo. . . esa chica es muy atrevida". Larga fue la discusión
sobre el complejo de Edipo y el temor a la novia. Hasta
AZ hizo algunos comentarios sobre un libro que le había
prestado *CZ* donde se hace referencia a casos parecidos.
Al concluir la exposición, *DZ* en un gesto inesperado,
tomó la Biblia entre sus manos y dijo: "Hermanos, muchas
gracias. Creo que me han ayudado mucho. Ahora yo
tengo que hacer mi parte. Les prometo que en esta semana
voy a besar a mi novia. Espero que ella no pida más". Todos se echaron a reír.

10. Octava entrevista

DZ viene victorioso, logró besar a la novia. . . y le gustó.
Por su parte *EZ* viene un poco decaído. Un joven de su
iglesia le ha pedido ayuda y le ha confesado que es homosexual. No se encuentra en condiciones de ayudar a ese
joven. Además se ha aferrado a la idea de que debe casarse
pronto. Confiesa que en el club se había sentido muy
excitado al entrar a los vestuarios y ver a hombres desnu-
dos. Se dio cuenta de que la excitación se produjo después
que el joven de su congregación le pidió asesoramiento.
DZ manifiesta que había sido tentado y que había caído.
BZ seguía en busca de una chica y *AZ* con su interés de ser
una persona asexuada. En este día *CZ* era el que estaba
en mejores condiciones. Las relaciones con su novia mar-
chaban muy bien, con toda normalidad. No había sido
tentado. Explicó cómo en el club él había logrado hacer
ejercicios de higiene mental y cómo podía conversar con
las personas desnudas en el vestuario sin sentirse excitado.
Estuvo aconsejando a *EZ* que hiciera algunos ejercicios
de higiene mental. Los dos descubrieron que eran socios

del mismo club deportivo, pero asistían en horarios diferentes. *CZ* manifestó que su vida cristiana andaba muy bien. Se estaba preparando para asistir a un retiro espiritual de varios días de duración. Afirmó que su sacerdote estaba muy satisfecho de que él participara del grupo. *EZ* estaba bajo una fuerte depresión. Afirmó que había orado como nunca antes lo había hecho pidiéndole a Dios que lo liberara de la homosexualidad. A veces, decía, las tendencias se vuelven más fuertes después de haber orado. "No entiendo por qué me pasa esto". Le expliqué cómo a nivel inconsciente el tipo de oración que hacía podía estimular las tendencias dormidas. Sugerí otro tipo de oración. *BZ* afirmó que se sentía deprimido por un sueño erótico —homosexual— que había tenido y que le había forzado a la masturbación. Dedicamos un buen tiempo al estudio bíblico tratando de levantar el ánimo y terminamos repitiendo todos El Padre Nuestro.

11. Novena entrevista

AZ comienza contando su experiencia. La antigua compañera de estudios que había tratado de ayudarlo vino a visitarlo. El estaba solo porque su mamá había salido. Le dijo que había tenido un disgusto con sus padres y que quería quedarse a dormir con él. Durmieron en la misma cama, a petición de ella. La chica se esforzó pero él no tenía interés, aunque reconoció que en algunos momentos sintió cierto placer y hasta tuvo erección. "Ella quiso dormir conmigo y no pude aguantar, cuando me sentí excitado me fui a otra cama. Era como si durmiera con mamá. Estábamos en la cama de mamá que es grande. Al día siguiente ella preparó el desayuno y lo hizo muy bien, me sentí bien al lado de ella. Le sugerí que la llevaría a su casa. Los padres de ella me conocen. Les diría que se había quedado en casa sin mencionar que mamá no estaba. Ella aceptó. Cuando salimos a la calle ella me tomó del brazo y me sentí bien. En el ómnibus íbamos con las manos agarradas y no me molestaba. Un señor, en el ómnibus, le preguntó algo y se refirió a mí como 'su esposo', y eso me gustó''. Al regresar a casa se sentía muy nervioso y manifestó que se tomó casi un litro de leche con la mamadera. Todos mostraron asombro y él con un poco de timidez dijo que cuando se sentía nervioso la mamadera era para él como un sedante. *CZ* hizo una larga exposición sobre el mecanismo inconsciente de regresión y sobre las etapas del desarrollo sico-sexual. Afirmó que *AZ* había regresado a la etapa oral. *AZ* pudo comprender el por qué de su afición a la felación.

AZ prosiguió informando que había contado al pastor lo que había ocurrido y que éste se había sentido satisfecho y lamentó que él se hubiera marchado de la cama. "Yo esperaba que me retara por haberme acostado con una mujer, pero me dijo que se sentiría muy mal sólo si me acostaba con un hombre''. El grupo comenzó a discutir sobre la actitud del pastor si era correcta o incorrecta.

12. Décima entrevista

DZ se ha sentido muy deprimido por haber caído. La semana anterior no hubo tiempo de tratar su caso. Aunque manifestó haber caído, sus compañeros no tomaron en cuenta el asunto. Ha estado a punto de romper con la novia. Se sentía indigno de ella.

EZ afirma haber tenido un "levantamiento espiritual''. Decidió cambiar de iglesia, junto con su novia. "Ahora vamos a una iglesia que nos queda más cerca'', dijo. "Al mismo tiempo no tengo el problema del chico que me pidió ayuda''. Habló con la novia de la posibilidad de tener relaciones sexuales pero ella no estaba dispuesta a hacerlo antes del matrimonio, por sus convicciones religiosas. Se habían puesto de acuerdo para casarse dentro de tres meses.

La noticia del próximo casamiento de *EZ* fue una gran sorpresa. *CZ* insistió en que *EZ* no estaba todavía maduro para casarse. Que era riesgoso para la chica, que quizás la iba a usar como un medicamento y que eso sería inmoral desde un punto de vista cristiano. *EZ* defendía su posición con argumentos emocionales: "¿Qué querés, que me pegue un tiro? Tengo la posibilidad de salir adelante. Yo la quiero y soy capaz de hacerla feliz... ¿Por qué te opones?" *BZ* sugiere que la chica debía conocer los antecedentes de *EZ*. Si ésta acepta casarse conociendo su pasado, él no tenía nada que objetar, pero le parecía injusto engañar a la joven; mucho más tratándose de dos cristianos. *DZ* apoyó el punto de vista de *BZ* y expresó que él se había sentido tan indigno delante de su novia que había pensado romper con ella, que él no se casaría jamás con una mujer sin que ésta conociera su pasado y le aceptara con su presente y con su pasado. *EZ* promete que lo va a pensar.

13. Undécima entrevista

CZ expresa que ha tenido relaciones sexuales con una compañera de estudios. "Las cosas se dieron así no más. Fui inocentemente a estudiar con ella para un examen y no sabía que los padres estaban ausentes. Me di cuenta que se estaba insinuando; me dijo en jarana que yo era un mojigato y que tenía que aprender a vivir. Somos muy buenos amigos y ella, muy atrevida, me dijo: 'Siendo tan religioso apuesto cualquier cosa a que eres virgen'. No sé cómo, pero cedí y tuve relaciones con ella. Todo fue muy normal. Antes de confesarme quiero escuchar la opinión del grupo sobre lo que ha pasado y si debo o no decírselo a mi novia. *DZ* opina de esta manera: "Yo nunca he tenido relaciones sexuales con una mujer y pienso que para *CZ* esta relación debe haber sido semejante a una inyección o cualquier otro medicamento. En este caso una inyección síquica. La chica no fue usada, ella se prestó libremente; él no engañó a nadie". "A mi novia sí", dijo *CZ. BZ* afirma: "Yo creo que los dos se ayudaron mutuamente. Ella tenía necesidad y él descubrió un mundo nuevo. No estando casado la cuestión de fidelidad es muy relativa. A la larga tu novia se va a beneficiar con esta relación porque te dará mayor confianza". *EZ* dice: "Lo que has hecho no es lo ideal, pero es mejor que haber tenido relaciones con un hombre".

CZ informa que las relaciones con la novia marchan muy bien y que ha decidido oficializar las relaciones. *EZ* afirma que él ya lo ha hecho y *DZ* no está seguro de seguir. Cree no estar enamorado y le sigue atrayendo el sexo masculino. *BZ* informa que ha recorrido distintas instituciones donde se trabaja con personas solitarias tratando de buscar una mujer que podría ser primero su amiga. Expresa su desilusión porque todas las damas interesadas tienen más de 45 años. *EZ* afirma que después de reflexionar mucho ha llegado a la conclusión de que antes de casarse su novia debe conocer su pasado, pero no se anima a decírselo. El grupo sugiere que él se lo diga en una reunión en que yo esté presente. El acepta. En los momentos de oración el tema central es *FZ*, la novia de *EZ* , y el éxito de la entrevista.

14. Entrevista de EZ y FZ conmigo

El día convenido nos reunimos en un lugar tranquilo y donde nadie podría molestarnos. *EZ* no se animaba y con mucho trabajo comenzó su relato. Dijo que había tenido relaciones homosexuales en su adolescencia; y que después, en el servicio militar, más que nada para conseguir dinero, se prestó a esas prácticas. Contaba su experiencia entre lágrimas. Esto fue suficiente para *FZ*. Sin dejarlo terminar el relato, la joven dijo: "Te he conocido como una nueva criatura. Tu pasado ha sido lavado por la sangre de Cristo. Si te quedan algunos problemas sicológicos por causa de tu pasado, cuenta conmigo. Estoy dispuesta a ayudarte". Fue muy emocionante verlos abrazarse llorando.

15. Duodécima entrevista

Dos noticias, una buena y otra mala recibió el grupo. La

buena que *FZ* estaba dispuesta a casarse conociendo el pasado de *EZ*. Todos se alegraron. Se notó la ausencia de *DZ*. La mala noticia era que *DZ* me había llamado por teléfono para informarme que abandonaba el grupo y todo intento de cambiar. Había caído de nuevo y la persona con quien andaba le había sugerido vivir juntos en su departamento y él había aceptado. Según sus palabras: "Había decidido ser él mismo y no intentar ser algo diferente. Para ser honesto había roto las relaciones con su novia y no volvería jamás a la iglesia". Le pedí charlar personalmente pero no quiso. Le sugerí que se había comprometido con el grupo y que le debía explicaciones. Pero tampoco aceptó enfrentarse con el grupo.

16. Situación actual

El resto de las entrevistas se realizaron en forma similar a la docena presentada precedentemente. *EZ* se casó y he tenido dos entrevistas con él y su esposa después del matrimonio. Tienen un hijo. *EZ* visitó su antigua congregación —con su esposa— con el único propósito de encontrar al joven que le había pedido ayuda para salir de su homosexualidad y del cual había prácticamente escapado. Actualmente lo está ayudando. Se siente seguro, el hecho de ser padre ha consolidado su seguridad en sí mismo. Este matrimonio está realizando una magnífica labor dentro de la iglesia.

CZ se ha casado hace muy poco tiempo. El y su esposa también están muy activos en la iglesia. *CZ* se negó a contar su problema a la novia porque entendía que le haría mucho mal y no ayudaría a nadie. El sentía suficiente seguridad en sí mismo y había crecido mucho en fe y fidelidad al Señor.

Cuando *EZ* se casó continuó asistiendo a las reuniones del grupo, pero manifestó que deseaba separarse al comienzo del verano de diciembre de 1975. El grupo convino en recesar por dos meses durante el verano y no se concretó el reinicio. *CZ* se sentía muy bien y pensó que si no estaba *EZ* sería bueno que él no estuviera tampoco. *BZ* sufrió una operación que le mantuvo en cama algún tiempo. Su situación actual es la siguiente: ha crecido mucho en su vida espiritual. Ese es el aspecto más positivo para su vida. Cuando entró al grupo era un católico nominal, pero los estudios bíblicos y el ambiente que reinó siempre en el grupo, le ayudaron a comprometerse con la fe cristiana y la Iglesia. Actualmente participa activamente en una parroquia y se ha enriquecido mucho a través de varios cursillos de profundización de la fe. Es un entusiasta estudioso de la Biblia y dedica una hora por día al cultivo de su vida espiritual. El problema sexual lo ha sublimado bastante. Aspiraría a encontrar una mujer para casarse, pero las circunstancias no se han dado. La mayoría de las personas que pertenecen a su comunidad son personas casadas y las pocas solteras son o muy jóvenes o demasiado viejas. Hace poco conversé con él y afirmó que la homosexualidad pertenece a su pasado, aunque reconoce que humanamente le sería agradable ese tipo de relación. No obstante, afirmó, después se sentiría muy mal. Terminó diciendo: "Como usted dice en su libro, pastor, yo no reprimo mi homosexualidad. La acepto como mi problema, pero la suprimo conscientemente".

AZ se encuentra en una situación muy diferente. He conversado con él hace menos de veinticuatro horas. Habíamos convenido que hiciera un tratamiento individual con un profesional prestigioso y confiable. Ayer vino a verme en estado calamitoso. Había abandonado el tratamiento, se había separado de la iglesia, había contraído una enfermedad venérea y estaba angustiado porque temía un juicio por corrupción de menores. Aparentemente había contagiado su enfermedad a un menor que ante las circunstancias contó a sus padres lo que había sucedido. Es lamentable cómo se había disminuido. No era el mismo joven que participaba en las reuniones del grupo.

Su gran error fue dejar a Cristo y a la iglesia y dejar de luchar.

17. Evaluación

El éxito logrado es muy significativo si se tiene en cuenta el bajo porcentaje de resultados positivos en los tratamientos sicoterapéuticos de homosexuales. En este caso el sesenta por ciento de los participantes encontró un nuevo sentido para sus vidas y al mismo tiempo crecieron espiritualmente. Recordemos que nuestro Señor no curó a todas las personas. Muchos paralíticos esperaban junto al estanque de Betesda y El curó sólo a uno de ellos (Juan 5:1-18). No sabemos por qué hizo eso. No sabemos por qué *DZ* y *AZ,* que en el momento de ingresar en el grupo asistían a la iglesia, ahora están apartados y en una situación peor a como se encontraban al integrar el grupo. Creo que Dios es el que cura, que no somos más que instrumentos en sus manos. No tomo como un fracaso personal la situación de estos dos jóvenes. Sencillamente la acepto tal como está y no pierdo las esperanzas de que la Palabra de Dios que ha sido sembrada en ellos algún día renazca y fructifique.

Hay algo que es evidente: sin arrepentimiento absoluto y total, no hay posibilidad de cambio. Recuérdese el temor de *DZ* a besar a la novia y que le gustara al extremo de que no le interesaran los hombres. Uno se pregunta: ¿Tenía realmente interés en cambiar? Es verdad que *AZ* tiene tremendos problemas sicológicos, pero aun en la oración para que sus amigos consiguieran novia no pide a Dios que le ayude a cambiar. ¿Quería realmente cambiar? La gracia de Dios y los golpes de la vida pueden hacer que *DZ* y *AZ* retomen el camino que les conducirá a su plena salvación.

No desearía que los pastores que lean estas páginas se esforzaran por descubrir en la dinámica de este grupo las "técnicas infalibles para obtener resultados". Creo que es muy útil conocer las técnicas de la dinámica de grupo porque nos ayudan a canalizar energías que pueden conducir a mejorar la salud del grupo. Pero creo que más que "técnicas" necesitamos actitudes capaces de usar las técnicas. Primero la actitud hacia Dios: la dependencia del poder y la orientación del Espíritu Santo. Segundo la actitud hacia nosotros mismos: no somos magos ni curanderos, sino personas consagradas a ministrar la Palabra de Dios al mundo perplejo y convulso en que nos ha tocado vivir. En tercer lugar la actitud hacia los que necesitan de nuestra ayuda pastoral. He mencionado tres actitudes de Jesús para con los pecadores que el ministro de Dios debe encarnar: humildad, amor por el pecador y respeto por su persona.

Hay ciertos principios generales que enuncié al comienzo de este capítulo, y los que he presentado en *Psicología pastoral para todos los cristianos*, que son válidos tanto para el asesoramiento individual como para el de grupo.

El trabajo es difícil. Mucho más en el problema del que nos hemos ocupado en el grupo con que hemos trabajado. Por lo general el homosexual habla poco de su problema. En el caso de cristianos que tratan de escapar al monstruo de la homosexualidad es comprensible la agresividad de la primera entrevista. Hubo un intento inconsciente de escapar del problema desviándose a problemas teológicos. Hubo un rechazo evidente de unos por otros en una clara expresión de una violenta proyección, mecanismo inconsciente, de agresividad que cada uno tenía para consigo mismo como homosexual. A lo largo de las entrevistas la agresividad seguía latente, sobre todo en *EZ*. Hay ciertos datos que no puedo compartir porque algunas denominaciones evangélicas son pequeñas y sería relativamente fácil identificar a la persona aludida. Pero cada uno funcionó en el grupo presionado por fuerzas inconscientes: la de su historia personal, la de su cultura denominacional y según su concepción de la acción del Espíritu Santo en la Iglesia.

Hay muchos elementos que no hemos podido compartir por las razones expuestas. Algunas entrevistas que no fueron presentadas expresaban toda la angustia que trae este problema a muchas personas que buscan en la fe de Jesucristo la solución a su desesperación. Una dificultad que tuve con este grupo es que ninguno de sus integrantes asistía a mi iglesia, y no era mi intención hacer proselitismo sino anunciar el evangelio. Creo que, si bien no predico para individuos, a través del culto como medio de gracia y su carácter terapéutico habría podido ayudar un poco más a algunos de estos jóvenes.

La muerte rondó el grupo dos veces. En una ocasión uno de los jóvenes llegó a concretar el intento de suicidio y pasó varios días en estado de coma, lo cual creó consternación en el grupo. Finalmente se salvó. Como hemos dicho, el homosexual habla poco de su problema. Al tener que conversar sobre sus dificultades con otros cristianos que tienen el mismo problema, al estudiar la Biblia y orar juntos, se remueven muchas cosas en el interior de las personas envueltas. Si bien nunca la muerte rondó como consecuencia directa de la reflexión grupal, ésta creó en algunos momentos mucha angustia y desesperación después de la consumación de relaciones homosexuales que no pudieron ser evitadas; al caer en lo que no se deseaba y sentir la frustración de haber retrocedido después de haber avanzado tanto. En los tiempos en que vivimos el suicidio va en rápido progreso en nuestro mundo alienado por el pecado. "La paga del pecado es muerte. . .", dice Pablo. Necesitamos más ministros dispuestos a luchar para salvar a los hombres del pecado y de la muerte.

Capítulo 4
El pastor en un mundo en conflicto

Creo que no es necesario convencer al lector de que la persona que acepta hoy el llamado de Dios para entrar en el santo ministerio tendrá que encarar una serie de nuevos problemas que ni soñaron los pastores de principios de siglo.

Al escribir estas líneas comienza en Mar del Plata, Argentina, un Congreso Mundial sobre el agua patrocinado por las Naciones Unidas. Existen razones valederas para temer que para fines de siglo no habrá suficiente agua potable en el mundo. Por otro lado se teme la muerte de la vida en el mar por la contaminación, especialmente por causa del petróleo. De morir el mar, morirá también el planeta porque desaparecerá la "fábrica" que produce el 70 por ciento del oxígeno de la atmósfera que es indispensable para preservar los seres vivos. Existe un maravilloso equilibrio entre producción y consumo de oxígeno que será roto con la muerte del mar. Existe además el temor de que para fines de siglo se agoten las reservas de petróleo; si esto ocurre, el mundo vivirá una crisis energética sin precedentes. Sin energía no hay industria, ni transporte ni calefacción.

Pero no sólo hay dificultades para el hombre en el

medio físico; también las hay en el medio humano. Las grandes potencias se disputan la hegemonía mundial; por lo cual hay tensiones en las regiones donde éstas ejercen su influencia sobre naciones menos poderosas. Surgen tensiones entre potencias justamente en las áreas de influencia y dominio de los mercados. Esas tensiones nos han conducido a dos guerras mundiales. Si bien no existe una guerra generalizada, a nivel mundial, la guerra se presenta en forma intermitente, y con toda su fiereza y crueldad, en distintas partes de nuestro mundo.

Además de los problemas internacionales y el temor a una tercera guerra mundial, casi todos los países tienen graves problemas internos. Existe, además, un proceso de deshumanización por el cual los valores humanos van siendo pisoteados. Crece la violencia de los signos más diversos. Crece la población a ritmo acelerado. La América Latina tiene ahora 315 millones de habitantes, cifra que se duplicará en los próximos veinticinco años. La pobreza, el hambre y la muerte amenazan a más de cien millones de latinoamericanos. "Como consecuencia de la situación socioeconómica, la mortalidad infantil es de 83.1 por mil en Guatemala; 73.3 por mil en Chile; 76.7 por mil en Ecuador y 75.6 por mil en Perú".[57] La situación económica varía enormemente de un país a otro: "El ingreso anual per cápita va desde U.S. $1.160 en Argentina y U.S. $980 en Venezuela a U.S. $260 en Paraguay, U.S. $180 en Bolivia y U.S. $110 en Haití".[58] El cuadro del analfabetismo va del 7.4 por ciento en Argentina al 89.3 por ciento en Haití. Entre ambos extremos señalamos solamente los países con más del 40 por ciento de sus habitantes mayores de 15 años analfabetos: Bolivia 67.9 por ciento; Guatemala 53.8 por ciento; Honduras 52.7 por ciento; el Salvador 43.1 por ciento y Nicaragua 42.1 por ciento.[59]

Los crecientes problemas humanos generan situaciones de creciente violencia y desesperación. Por otro lado, el desarrollo de la criminalidad, el robo, las violaciones, el uso indebido de drogas, la degradación moral, la crisis de la familia, etc., crean tal situación de tensión que el siglo actual podría muy bien denominarse "el siglo del sicofármaco" o si se desea un nombre más popular "el siglo de la pastillita". ¿Quién no conoce el nombre de uno o más sicofármacos? ¿Cuántos las utilizan? En la clase media y alta este problema es grave. Lo cual pone de manifiesto que los problemas económicos no son los únicos generadores de angustias, como algunos parecen creer.

El pastor tiene que cumplir su ministerio en un mundo profundamente conflictuado, con problemas a los cuales no se puede dar una pronta y fácil solución. No pudiendo —ni debiendo— aislarse de su contexto, el pastor se ve lógicamente afectado por la situación circundante que le afecta.

La clasificación de los líderes de la Iglesia en *auténticos*, *confundidos* y *falsos* es válida también para el pastor. En medio de tanta confusión no debe extrañarnos que haya muchos pastores confundidos. Sin embargo, parte de su ministerio consiste en ubicarse en su situación y aplicar el mensaje cristiano a su realidad concreta. El pastor debe estar bien orientado en la Palabra de Dios. Debe conocer su mundo y debe estar dirigido por el Espíritu Santo. Sólo así podrá ser un auténtico orientador cristiano, algo tan necesario en momentos de tanta confusión, perplejidad y angustia.

Algunas congregaciones cristianas que se ven especialmente afectadas por los problemas mundiales, nacionales y locales, lógicamente tienen la tendencia a idealizar al pastor. Frente a la injusticia, la maldad, el odio, la depravación, la incomprensión y la deshumanización, desearían encontrar el arquetipo del hombre nuevo que nos muestran las Escrituras: el hombre justo, bondadoso, amoroso, moral, comprensivo y humano. Se espera que el pastor sea todo eso, para devolver a la congregación la fe en la humanidad creada por Dios sin pecado y para servirle a El. Es lógico que esta idealización se produce porque es el pastor el que predica el evangelio, cuyos principios son absolutamente opuestos a la maldad que el hombre común ve y sufre todos los días. Se supone, con razón o sin ella, que el que predica el evangelio debe vivirlo. Esto crea dos tensiones fundamentales: (1) La realidad de que existe cierta distancia entre lo que la gente espera que el pastor sea y lo que éste realmente es y (2) la distancia que suele existir entre lo que el pastor es y lo que debería ser.

a) Lo que las congregaciones esperan del pastor

Es difícil determinar qué es lo que las congregaciones esperan del pastor. La esperanza estará determinada por la composición de las diferentes congregaciones que determina su madurez espiritual, intelectual y sicológica. De los diferentes grados de madurez, en los tres aspectos señalados, dependerá que se espere del pastor que sea el conductor e inspirador de una comunidad de adoración, testimonio y servicio en el nombre de Cristo o el sirviente de un grupo de personas aburguesadas y egoístas. Entre estos dos puntos extremos hay infinidad de posiciones intermedias que son atraídas, al encontrarse más cerca, por uno de los dos polos señalados.

Como parte de un curso pastoral en el Instituto Bíblico de Buenos Aires, dirigí una investigación sobre lo que las congregaciones esperan que sean los pastores a fin de reflexionar sobre si las expectativas de las congregaciones son correctas a la luz del evangelio y por lo tanto los seminaristas deberían adaptarse a ellas, o si por el contrario éstas son ajenas o contrarias al espíritu del evangelio y por lo tanto la tarea pastoral debería encaminarse hacia el cambio de tales expectativas congregacionales. El trabajo constó de las siguientes partes: (a) Preparar un cuestionario que sería presentado a grupos no menores de seis personas, ni mayor de diez, en tres congregaciones diferentes de Buenos Aires. Dichas personas deberían ser líderes laicos destacados en cada una de las congregaciones.

(b) El propósito del encuentro en cada una de las congregaciones era obtener información. Cada uno de los líderes de la iglesia local debía exponer, en alrededor de cinco minutos, sus respuestas al cuestionario, que había recibido previamente. Los estudiantes se limitarían a tomar nota. Después de todas las exposiciones habría oportunidad para aclaraciones y cambios de ideas entre los líderes laicos y los seminaristas.

(c) Tarea de reflexión teológica, en horas de clase: Análisis crítico de cada uno de los encuentros. Análisis de las expectativas de los estudiantes con relación a la tarea a realizar y los puntos de contacto y/u oposición con las expectativas de las congregaciones. Intento de lograr un consenso y una estrategia pastoral para el ministerio futuro de cada uno.

La investigación se llevó a efecto en tres iglesias del centro de la ciudad de Buenos Aires que pertenecen a tres denominaciones diferentes. Voy a destacar los elementos más sobresalientes, porque la inclusión de todo el material aportado por los laicos ocuparía demasiado espacio.

El cuestionario preparado por los estudiantes constaba de sólo cuatro preguntas: (1) ¿Qué concepto tiene usted de los pastores de hoy? (2) ¿En qué aspectos debe prepararse más el pastor? (3) ¿Cómo debe ser el pastor en América Latina hoy? (4) ¿Qué esperan los creyentes de sus ministros? ¿Cuál debe ser su responsabilidad dentro y fuera de la iglesia?

1. Información obtenida en la iglesia A

Fuimos cordialmente recibidos. El pastor estuvo presente pero no participó. El escogió los líderes que deberían responder. Veamos el resultado.

Pregunta número uno: ¿Qué concepto tiene usted de los pastores de hoy?

Primer laico: "Creo que los pastores tienen un gran sentido de humanidad y se interesan en los problemas integrales del hombre. Tengo muy buen concepto de la mayoría de ellos".

Segundo laico: "El pastorado parece estar profesionalizado, hay mucho interés en la figuración y menos vocación manifestada en el servicio al prójimo".

Tercer laico: "Lo importante para mí es la motivación que tiene el ministro. Hay personas que se sienten movidas a realizar tareas de acción social, buscan una entidad que los respalde y por eso se hacen pastores. O sea, para algunos el pastorado es un medio para cumplir un ideal social. El pastor legítimo es aquel que responde a la acción de Dios que lo ha llamado a su ministerio".

Cuarto laico: "Hay pastores con escasa preparación. No los veo capacitados para un trabajo donde hay tantas exigencias; los jóvenes, por ejemplo. Otros tienen tanta capacidad que no se ocupan de las congregaciones como corresponde en testimonio, proclamación y vida. Hay una minoría de pastores bien equilibrados que son dignos de todo respeto; ellos tienen capacidad y objetivos espirituales y humanos".

Quinto laico: "Muy pocos pastores evidencian una verdadera vocación; algunos me parecen más bien asalariados que pastores".

Sexto laico: "Me parece que muchos no están bien actualizados y por lo tanto no conocen el mundo en que viven".

Séptimo laico: "Los pastores están sometidos, como todo el mundo, a la enorme presión de la crisis total que envuelve a la sociedad. Supongo que ellos deben sufrirla con mayor intensidad debido a sus tareas específicas. Deben soportar graves problemas económicos. Al faltar la actividad típica pastoral muchos ministros se convierten en profesores de teología —excelentes algunos de ellos— pero fallan en un aspecto fundamental de su tarea. Entiendo que el nivel cultural de los pastores es muy superior al de los de antaño".

Pregunta número dos: ¿En qué debe prepararse más el pastor?

1. "En el compromiso con Jesucristo y los problemas del mundo moderno".
2. "Espiritualmente: conocer la Palabra de Dios y saberla comunicar".
3. "En los aspectos sicológicos: conocer a la persona y no ser piedra de tropiezo para ella. En su comunión con Dios"
4. "En relaciones humanas. Es más fácil ser un buen teólogo que ser mejor que su teología".
5. "Debe estar al tanto de todo lo que sucede para no confundirse ni confundir a la congregación".
6. "No procurar una formación sólo teórica, los que se formaron al lado de Pablo lo hicieron en el camino".
7. "La crisis en que vivimos hace necesario que los pastores se capaciten en Economía, Sociología, Filosofía, Estética, Teología y Pedagogía. Al prepararse más eficazmente podrá realizar una mejor tarea pastoral con su congregación y en la comunidad donde trabaje".

Pregunta número tres: ¿Cómo debe ser un pastor en América Latina hoy?

1. "Es una pregunta muy difícil, no se me ocurre nada".
2. "Hay diversidad de culturas y por lo tanto no se debe generalizar. El pastor debe tener bien claro para qué y por qué es pastor".
3. "No me atrevería a contestar".
4. "No se puede generalizar. Hay distintos problemas. Debe ser un mensajero identificado con todo lo que constituye la vida en que vive. No debe cerrar los ojos a la injusticia y a la explotación".
5. "Debe ser un orientador".
6. "No me animo a contestar".

7. "Es muy difícil contestar".

Pregunta número cuatro: ¿Qué esperan los creyentes de sus ministros? ¿Cuál debe ser su responsabilidad dentro y fuera de la iglesia?

1. "Debe ser un defensor del hombre moderno".

2. "Yo espero que los pastores sean pastores, hombres de oración, hombres de fe, hombres de visión, trabajadores por Cristo y valientes al predicar".

3. "Que sea un testigo de Jesucristo y no un trabajador social. Hoy tenemos muchos técnicos especializados en sociología, pero pocos especializados en las cosas de la fe".

4. "Espero que Cristo esté incorporado a la persona del pastor. Es mejor quedarse como buen laico a ser un mal pastor. Debe tener mucha capacidad para comunicar el evangelio y saber tratar cortésmente a los que no creen".

5. "Que lo que trasmitan sea respaldado por los hechos".

6. "Que hagan crecer la iglesia y la proyecten hacia afuera".

7. "Espero cuatro cosas fundamentales: (a) Que sepan suficiente teología y demás materias fundamentales para que, ese conocimiento unido a una profunda experiencia religiosa, puedan armar sólidamente sermones cristocéntricos y no piezas sentimentales o moralizantes (falla de algunos pastores liberales o pietistas). (b) Que tengan una visión lo más amplia posible de lo que está pasando en el mundo. (c) Que sean pastores humanos, que sepan ser el hermano mayor de la congregación. (d) Que sean responsables de las tareas que les son propias".

2. Información obtenida en la iglesia B

Fuimos cordialmente recibidos. El pastor estuvo ausente. La mayoría de los integrantes eran jóvenes, a diferencia de la otra iglesia donde el grupo estaba más equilibrado entre adultos y jóvenes.

Pregunta número uno: ¿Qué concepto tiene usted de los pastores de hoy?

1. "El pastor tiene que estar a la altura de las circunstancias y no siempre lo está. La moral cristiana no ha cambiado, y cada cual dará razón de sí".
2. "Para mí son embajadores en el nombre de Cristo".
3. "Son personas a las cuales se les exige todo y se colabora poco con ellos. La iglesia es como un hogar: tal padre tales hijos".
4. "Hay dos generaciones: la antigua y la nueva. Los antiguos pastores eran más espirituales".
5. "Para mí son hombres que sacrifican su comodidad para brindarse a la iglesia".

Pregunta número dos: ¿En qué aspectos debe prepararse más el pastor?

1. "En las cuestiones actuales del mundo. Hoy un libro es antiguo al terminar el curso en el cual nos ha servido de texto".
2. "Que aprendan a ser ejemplo".
3. "Hay muchos pastores desubicados; también los hay jóvenes que están en la misma situación. Deben conocer profundamente la Biblia, teología, psicología, sociología, dinámica de grupo, etc."
4. "Más conocimiento de las Escrituras. La Biblia nos da un buen conocimiento del hombre".
5. "En el conocimiento de lo que le rodea. La realidad social y económica de América Latina. Tener conciencia de que trabaja con hombres y no con 'almas'. Debe conocer sobre política".

Pregunta número tres: ¿Cómo debe ser el pastor en América Latina hoy?

1. "Deben ser líderes de tal manera que la comunidad los tenga en cuenta. Deben adelantarse a la comunidad".
2. "Por lo general se espera todo de ellos, pero los laicos no cumplimos con la parte que nos toca".

3. "Imagino que debe ser muy difícil ser pastor. Los laicos exigimos que estén ubicados, sean cultos, consagrados, especialistas, etc., pero a nosotros nos falta mucho para llegar a acercarnos a lo que esperamos del pastor".

4. "No me es fácil contestar esa pregunta, prefiero pasarla".

5. "El pastor debe ser un líder, formar gente y coordinar el trabajo de toda la iglesia".

Pregunta número cuatro: ¿Qué esperan los creyentes de sus ministros? ¿Cuál debe ser su responsabilidad dentro y fuera de la iglesia?

1. "Que sea un líder y ejemplo para la iglesia, no por oficio sino por llamamiento de Dios. Hacia afuera debe luchar por ganar almas para Cristo y los laicos debemos acompañarlo".

2. "Que tenga autoridad, sin autoridad no hay responsabilidad . La autoridad viene de la Biblia, que él debe conocer y practicar".

3. "Espero de él un líder, que tenga autoridad moral y espiritual, que sepa guiar en la práctica".

4. "Que esté en diálogo constante, trabajando con la gente y testificando de Jesucristo".

5. "La gente admira a los que creen y se confía en ellos para hacer grandes cosas. El pastor debe ser fundamentalmente un hombre de fe".

3. Información obtenida en la iglesia C

En esta congregación también fuimos muy cordialmente recibidos. El pastor no pudo estar presente y se excusó. Los participantes eran todos adultos. Algunos jóvenes asistieron, pero sólo respondieron los adultos.

Pregunta número uno: ¿Qué concepto tiene usted de los pastores de hoy?

1. "No tengo nada que decir al respecto".

2. "Los pastores no pueden cumplir todo lo que de ellos se espera".

3. "Soy un hombre sencillo y me da vergüenza opinar sobre un tema tan difícil".

4. "A la mayoría de los pastores jóvenes les falta consagración y dedicación a la obra del Señor. No tienen amor, ni sienten la misión. No sé si esto se debe a que han cambiado el sistema de enseñanza en los seminarios teológicos".

5. (Dirigiéndose a los estudiantes del Instituto a manera de sermón) "Tráguense las Epístolas a Timoteo, eso es lo que vale la pena. Hay crisis en la iglesia y, sépanlo jóvenes, eso se debe a que el diablo está trabajando fino a través de muchos ministros de la iglesia. Por eso la Iglesia está decayendo y enfriándose. Les aconsejo que se afirmen en la Palabra de Dios".

Pregunta número dos: ¿En qué aspectos debe prepararse más el pastor?

1. "El que no tiene el llamado de Dios no podrá hacer el trabajo".

2. "En su aspecto personal, en su apariencia".

3. "En su vida. Debe ser ejemplo. Debe estar plenamente en las manos de Dios".

4. "Debe prepararse para ser un evangelista. La iglesia copia lo que es el pastor, si un evangelista o un dormilón. Debe adiestrar a sus fieles en la parte doctrinaria porque las iglesias están perdiendo gente".

5. "Debe tener la certeza de su salvación personal. Hay apostasía en el ministerio de muchas partes del mundo. El pastor debe prepararse en oración, amor y fe".

Pregunta número tres: ¿Cómo debe ser el pastor en América Latina hoy?

1. "En la América Latina de hoy tenemos problemas muy palpables. Hay guerrilleros, comunistas y egoístas. Hay que hablar un poquito de política, eso sí, de política

santa. El pastor no debe inclinarse ni a la derecha ni a la izquierda".

2. "No influenciable por el materialismo dialéctico del neocristianismo. Debe ser un buen intelectual combativo".

3. "Esta pregunta la dejo para que la conteste otro".

4. "Dinámico y evangelista. Hay que salvar almas".

5. "Que presente la Palabra de Dios".

Pregunta número cuatro: ¿Qué esperan los creyentes de sus ministros? ¿Cuál debe ser su responsabilidad dentro y fuera de la iglesia?

1. "Para la iglesia: igual, comunicativo, manso, dado. Para afuera: corazón abierto, consejero, confiable".

2. "Deseo ver en ellos una réplica de Jesús, que el maligno no les toque. Que tengan autoridad moral y bíblica".

3. "Que sea un pastor consagrado teniendo al Señor como centro de todas las cosas".

4. "Hombre dedicado al Señor. Que sea como mi padre, que me sepa aconsejar en mis problemas, escucharme. Que sea un siervo del Señor completamente a disposición de la iglesia".

5. (Otra vez dirigiéndose a los estudiantes del Instituto para una nueva arenga):"Yo desearía que ustedes fueran como fue el pastor que me llevó a los pies de Cristo, un hombre manso y humilde. Yo sigo el ejemplo de mi pastor para dar testimonio de Cristo. Miren, jóvenes, yo trabajo en una fábrica donde todos los empleados odian al patrón porque no conocen al Señor. Todos mis compañeros cuando reciben el sobre, al final del mes, reniegan y protestan. Yo, que he sido alimentado en la Palabra de Dios por mi pastor, le doy gracias al patrón por lo que me paga. El obrero cristiano debe trabajar con alegría, no sirviendo al ojo, sino al Señor".

Los estudiantes se enriquecieron mucho con este trabajo. Se arribó al consenso de que no es posible satisfacer las expectativas de cada uno de los miembros de la congregación; no sólo porque esto es irrealizable por un ser humano, sino también porque algunas de las expectativas están reñidas con los principios evangélicos y con el sentido común. Ajustarse a las expectativas de una comunidad religiosa impediría cumplir el papel profético y educativo del ministro de Dios. Las expectativas de las congregaciones están determinadas por las enseñanzas que recibieron y cómo las interpretaron. Lo que en un tiempo fue valioso puede no serlo en otro.

Los estudiantes también aprendieron que no debían aferrarse a sus propias expectativas sobre su ministerio, que debían tener en cuenta lo que los laicos esperan de ellos y sobre todo debían someterse a la autoridad divina, expresada en la Biblia, para canalizar el ministerio según los propósitos de Dios y la necesidad de la gente.

También aprendieron que las iglesias en la gran ciudad son muy diferentes entre sí. Las tres visitadas están a menos de treinta cuadras del edificio del Congreso. Es decir, son iglesias del centro de Buenos Aires. Sin embargo hay grandes diferencias entre ellas por causa de la composición de cada congregación, las tradiciones denominacionales y el nivel de educación de sus ministros.

Si tuviera que calificar el nivel intelectual de los participantes de las tres congregaciones lo haría así: 9 para la A, 8 para B y 4 para C, sobre un máximo de 10. Es significativo que cuatro de los siete participantes de la iglesia A no se atrevieron a contestar la pregunta *¿Cómo debe ser el pastor en América Latina hoy?* Reconocieron la dificultad del problema a que apunta dicha pregunta. En las iglesias B y C una persona no tuvo respuesta que ofrecer en cada una de ellas. Esto nos da un total de 6 imposibilitados de contestar sobre un total de 17 participantes cuidadosamente escogidos por sus pastores por ser los líderes más destacados de estas iglesias. A mayor capacidad intelectual más perplejidad sobre el tipo de ministerio que se necesita en América Latina hoy.

Llamó la atención que sólo una de las iglesias cubrió el número mínimo de seis participantes que se había solicitado y ninguna arribó al máximo de diez. En general se notó cierta idealización del pastor por no decir cierta deificación. Como ya hemos señalado, ante la creciente deshumanización del hombre se ha desarrollado un anhelo creciente de una humanidad diferente y se espera que el pastor sea el modelo. La Biblia nos muestra un solo modelo, Jesucristo.

b) Lo que el pastor realmente es

El pastor es un ser humano; no es un dios ni un diablo, pero existe la tendencia de colocarlo en uno de esos dos extremos. Se le atribuyen cualidades que no tiene, se le idealiza y se le coloca en un pedestal; o se magnifican sus errores y se le presenta como la peor persona del mundo. Esta tendencia idealizadora, positiva o negativa, surge de las profundidades de la mente humana; por lo tanto se presenta tanto entre los cristianos militantes como entre aquellos que juzgan a la iglesia y a sus ministros desde afuera.

El anhelo de encontrarse con un hombre que sea semejante a Dios parecería estar grabado en el inconsciente colectivo de la humanidad. La conversión de hombres en dioses, la pastorolatría, es una idealización de la mente humana que no se conforma con su naturaleza de ser caído y anhela ser el hombre que fue, según la intención original de Dios (Génesis 1:26-27). Por lo menos anhela encontrar al hombre ideal para asegurarse de que es posible alcanzar ese grado de realización humana.

La Biblia nos muestra el anhelo del hombre por encontrar la naturaleza humana a imagen y semejanza de Dios. En la región de Galacia existían leyendas sobre la aparición de dioses en forma humana, cuyo origen es difícil detectar. Según el relato de Lucas, en Hechos 14, cuando Pablo hizo un milagro en la ciudad gálata de Listra le consideraron un dios: "Y a Bernabé llamaron Júpiter, y a Pablo, Mercurio, porque éste era el que llevaba la palabra". Estos gálatas hicieron los preparativos para ofrecer sacrificios a los hombres-dioses. Cuando éstos protestaron y se presentaron tal cual eran, como hombres, la desilusión fue tan grande que se dejaron convencer por infiltrados venidos de Antioquía y de Iconio, y la adoración se transformó en odio. "Habiendo apedreado a Pablo, le arrastraron fuera de la ciudad, pensando que estaba muerto" (14: 19). Para estos paganos no había término medio. El que podía ministrar poderes espirituales, como para sanar a un enfermo, es un dios o un diablo; nunca un ser humano. Si es un dios hay que adorarlo; si no lo es, comienza la "caza de brujas".

La tendencia idealizadora positiva con una reversión a la agresividad se produjo también entre los creyentes de Galacia con relación a Pablo. El apóstol muestra su extrañeza frente al cambio operado en los creyentes. Manifiesta que fue idealizado cuando llegó a Galacia, aun cuando estaba enfermo: "Me recibisteis como a un ángel de Dios, como a Cristo Jesús" (Gálatas 4:14). Al parecer Pablo padecía una enfermedad de la vista; eso explica su afirmación de que si en ese momento hubiera sido posible el trasplante de órganos, los gálatas se habrían sacado los ojos para que él pudiera ver (4:15). Tal era el grado de idealización, casi de idolatría, por parte de los creyentes. Pablo se asombra del cambio producido en la iglesia y les pregunta: "¿Me he hecho, pues, vuestro enemigo, por deciros la verdad?" (4: 16).

Hoy los ministros de Dios también son admirados o combatidos dentro y fuera de la iglesia. Es muy común el caso de que el mismo pastor ha sido objeto de admiración y agresividad por parte de las mismas personas. En una reunión internacional, un pastor latinoamericano me planteó su angustia de la siguiente manera: "Hermano, tengo heridas muy profundas que no han cicatrizado y que me supuran todos los días. Le he rogado al Señor que me ayude a perdonar; pero aun cuando no odio a persona alguna, mis heridas siguen sin cicatrizar''. Este pastor había afectado profundamente su ministerio por causa del resentimiento hacia su anterior congregación, a la cual había servido con amor y dedicación por más de diez años. En una asamblea de la iglesia, en forma inesperada, un pequeño grupo lanzó serias acusaciones sobre la falta de eficiencia del pastor. Fueron tan duros en la crítica como antes habían sido exagerados en las alabanzas. El pastor continuó su relato: "Yo esperaba que mis hermanos salieran en mi defensa ante tal agresión, porque hasta me faltaron el respeto. Mi mayor desilusión fue que la mayoría se calló la boca. Allí estaban personas cuyos matrimonios habían estado a punto de zozobrar y habían encontrado solución bajo mi orientación pastoral; allí estaban personas que habían estado sumidas en el vicio y la maldad y habían encontrado la salvación en Cristo bajo mi pastorado, pero parecían asustados y no decían nada. Sólo dos o tres hablaron, pero la conspiración había sido planeada cuidadosamente, y éstos fueron fácilmente silenciados. Me sentí muy solo. Pedí permiso y salí. Lloré como no lo había hecho desde niño. Al día siguiente presenté mi renuncia. Ahora soy pastor de otra iglesia donde me aprecian mucho, pero no he podido olvidar y siento el temor de que me vuelva a ocurrir lo mismo''.

1. El pastor debe aceptarse como un ser humano

A través de las entrevistas con líderes de tres iglesias evangélicas de Buenos Aires hemos constatado que la idealización del ministro es un fenómeno bastante generalizado. Los problemas que encaramos hoy aparecen también en los tiempos bíblicos y se manifiestan en todas partes. Luego este problema de la idealización—agresividad debe estar grabado en la naturaleza de la persona humana. El pastor debe aceptar esa realidad. Al mismo tiempo no debe prestarse a recibir halagos exagerados o expresiones de adulonería. El pastor es un ser humano, no un superhombre, ni un dios. Es un compañero de los miembros de su congregación en el peregrinar en pos del completamiento de la condición humana según el modelo que Dios nos ha dado en la persona de Jesucristo.

Por eso el pastor debe esforzarse por lograr el mayor nivel posible de autoconocimiento. Debe detectar los motivos impulsores de su vocación y las aristas de su personalidad que podrían afectar a otros para producir la antinomia: adulación–odio de las mismas personas para el mismo pastor.

El pastor debe procurar no establecer relaciones artificiales con sus feligreses. Es decir, no debe permitir que los miembros de la congregación crean que él es lo que realmente no es. El pastor debe presentarse como la persona que es y no caer en la tentación de presentarse "disfrazado". Las máscaras pueden servir algún tiempo, pero no todo el tiempo; además, son expresión de deshonestidad. Es posible que las experiencias en Galacia hayan convencido a Pablo de que debía presentarse ante un nuevo campo misionero tal cual era. Por eso, pensando comenzar la evangelización en el otro extremo de Europa, España, escribe a la iglesia de Roma, de donde espera recibir apoyo, y se presenta sin máscara alguna, como un ser humano que ama a Jesucristo y que trata de imitarle. Véase Romanos 7: 7-25.

El pastor no debe fingir estar calmado cuando en realidad está molesto. Las emociones son inevitables; tratar de negarlas es contribuir a la enfermedad. El pastor es un ser humano y como tal puede enojarse y debe aceptarlo. Pero debe cuidarse de manejar sus emociones de manera tal que pueda desahogarse sin destruir la obra que está levantando.

El pastor no es una enciclopedia andante, sino un ser humano. Por lo tanto debe reconocer que hay cosas que no sabe. De nada vale el disfraz de sabio cuando no se sabe. El

pastor debe tener humildad para reconocer públicamente
que no sabe y que necesita investigar el tema que se discu-
te. El que pretende saberlo todo le falta saber algo: todo lo
ignorante que es.

El pastor no debe asumir una "pose pastoral" e intentar comportarse en forma acogedora con un miembro de la
iglesia cuyo proceder le ha molestado; si está sintiendo hostilidad no podrá evitar que ésta se manifieste. Es mejor
esperar otra oportunidad en que su vida de oración le permita asumir una actitud serena ante una persona por cuyos
pecados el Señor derramó su sangre en la cruz del Calvario.
Igualmente de nada le sirve al pastor intentar presentarse
ante su congregación como si fuera una persona segura
cuando la inseguridad y el temor inundan su ser. El pastor
debe reconocerse como ser humano y no debe dejarse
seducir por aquellos feligreses que desean ofrecerle una
devoción casi idolátrica. No debe aceptar que lo traten
como lo que no es. Cuando el pastor cae en esta tentación después puede recibir la desilusión a que hemos hecho
referencia.

El pastor debe aceptar que puede enojarse o sentir temor. Que puede establecer preferencias entre los miembros
de la iglesia y ser indiferente con otros sin que haya razones convincentes para tales actitudes. A veces el pastor se
autoengaña y no reconoce sus fallas porque no quiere reco-
nocerlas, porque él mismo desearía ser un dios. A veces el
pastor debe permitirse ser lo que realmente es, en la esperanza de llegar a ser lo que Dios quiere que sea contando
con el poder del Espíritu Santo para lograrlo. Pero es difícil avanzar en el crecimiento personal en Cristo sin saber
exactamente dónde uno se encuentra. Hay que comenzar
por la autoaceptación de lo que somos y seguir hacia el
completamiento de la condición humana según el modelo
de Jesucristo.

Si el pastor no se comprende a sí mismo difícilmente
podrá comprender al feligrés que necesite su orientación

pastoral. No es fácil aceptar los sentimientos del compañero de diálogo, sobre todo cuando no coinciden con los nuestros. ¿Cómo reacciona el pastor ante personas que le manifiestan hostilidad? Puede reaccionar de muchas maneras. Es deseable que actúe como un ser humano que reconoce sus limitaciones, pero que cuenta además con recursos espirituales que no están al alcance de los que no tienen una vida de oración. Se espera que el pastor sea un hombre de oración, porque la oración es la fuente del poder espiritual.

2. El pastor debe comprender que un fracaso no le convierte en un fracasado

Son muchos los pastores que abandonan el ministerio en nuestros días. Siempre hay una razón que ofrecer, pero en el fondo, en la mayoría de los casos existe una profunda sensación de fracaso. En algunos la salida del ministerio va acompañada de profundas depresiones.

¿Es el ministerio cristiano un riesgo para la salud mental? No necesariamente, pero es importante que el ministro se ubique como ser humano y no se deje tentar por las idealizaciones de que suelen ser objeto, sobre todo aquellos que tienen "éxito" desde el púlpito y/o en el asesoramiento pastoral. Definidamente el hecho de fracasar no nos convierte en fracasados. Debemos convertir en escalera las piedras que nos colocan en nuestro camino. Debemos aprender las lecciones que nos enseñan nuestros propios errores. El conflicto y la soledad son un buen ejercicio para fortalecer la humildad. Si la tierra detuviera su movimiento de rotación de manera que nos tocara vivir siempre a la luz del día, no podríamos vivir muchos días. El calor del sol se iría acumulando y todos arderíamos como antorchas. Para poder disfrutar del día es necesario encarar la oscuridad de la noche. Otro ejemplo lo tenemos en el cuerpo: un músculo que no se ejercita se atrofia. El cristiano debe aprender en medio de las aflicciones porque ciertamente "todas las cosas obran para bien de los que aman al Señor" (Romanos 8:28).

Al comienzo del presente capítulo señalamos las situaciones especiales en que vivimos hoy. El ministro, como ser humano, se siente sometido a tensiones terribles, además de las que son propias de su vocación, especialmente porque la gente espera de él que sea una persona especial, casi un superhombre. Además, el pastor debe realizar al mismo tiempo tareas tan diversas, que se esperan de él, que el surmenage suele tocar a muchas puertas pastorales. El surmenage es un estado de agotamiento, una fatiga excesiva que hace muy lenta, y a veces imposible, la recuperación de las propias fuerzas de la persona afectada. El surmenage suele ser producido por el exceso de trabajo físico o síquico, cuando se pretende ir más allá de la resistencia del organismo tanto por la duración como por la intensidad del esfuerzo que se realiza. He conocido a varios pastores que han pasado por esta difícil situación contra la cual no existe una "vacuna" segura. El pastor debe recordar que es mayordomo de su cuerpo, el cual es el templo del Espíritu Santo. Los feligreses pueden esperar de él una tarea sobrehumana, pero él debe siempre recordar quién es y cuáles son sus limitaciones.

3. El pastor debe recordar quién es y cuáles son sus limitaciones

Con el exceso de actividades el pastor corre el riesgo de olvidarse quién es. Con el continuo contacto con las cosas santas se corre el riesgo de perder la perspectiva de su santidad.

También se suele perder el sentido de las limitaciones. El pastor es un ser humano y no debe esperarse de él que sea un superhombre. Se espera, eso sí, que sea una persona consagrada a la obra de Dios en servicio a los demás. Una persona dispuesta a colocarse bajo el señorío de Jesucristo y la inspiración y orientación del Espíritu Santo.

Debe recordar que sus fuerzas son limitadas, física, intelectual y espiritualmente. Las tensiones y el exceso de trabajo han conducido a muchos predicadores al surmenage; algunos líderes laicos han pasado por la misma experiencia. En mi opinión, el factor desencadenante del surmenage en la mayoría de los casos es una gran desilusión después de haber sufrido tensiones por tiempo prolongado. Veamos un caso.

Un destacado laico latinoamericano se apartó de la iglesia en forma imprevista. Después de transcurridos cinco años cayó en sus manos un libro cuya lectura le entusiasmó tanto que me pidió una entrevista. Esta es la síntesis de la situación que le llevó al surmenage: su esposa deseaba que él no dedicara tiempo a la iglesia porque desatendía a la familia. Ella asistía poco; entendía que su marido no estaba cumpliendo plenamente sus deberes de esposo y padre por su exceso de celo religioso y por lo tanto no se sentía interesada en asistir. "La iglesia separa la familia en lugar de unirla", decía. Algunos sermones del pastor sembraron inquietud en algunos miembros de la congregación. Surgió una chispa que se convirtió en fuego. Alguien acusó al pastor de ser modernista y de intentar sembrar ideas izquierdistas en la congregación. La mayoría de la congregación apoyaba a su pastor. Entre los que lo combatían, como era de esperar, estaba la esposa del laico destacado al cual nos estamos refiriendo. Ella se encerró en la idea de que *"no iba más a la iglesia porque desde el púlpito se difundía el comunismo"*. Cada día presionaba más a su marido para salir a pasear los fines de semana.

Después de casi un año de tensiones, la situación se normalizó, pero por poco tiempo. Una nueva tempestad se desató sobre la congregación. Como consecuencia de las tensiones existentes un grupo de miembros buscó en la oración y la profundización de la vida cristiana el medio idóneo para resolver la crisis. Nuestro laico había estado al margen de ese movimiento. En un culto de oración varios miembros asumieron actitudes de corte pentecostal que impresionó a unos y escandalizó a otros. Esa misma semana el laico es invitado a una asamblea de la iglesia para discutir los problemas que habían surgido. Su esposa se ofreció para acompañarlo. Durante toda la asamblea el laico permaneció en silencio, lo cual asombró a todos. Varias veces le pidieron la opinión y siempre respondió que tenía que pensarlo bien, que estaba confundido.

La asamblea no se caracterizó por la caridad cristiana. Hubo agrias acusaciones: "ladrones de ovejas", "carismáticos de satanás", "fariseos", etc. De regreso a casa el laico se sentía muy deprimido. Le pidió a su esposa que manejara porque él se sentía muy mal. Ella no sólo condujo el coche, sino también la conversación. Sermoneó sin parar hasta después de la media noche. Al día siguiente se asustó cuando vio a su marido que no se levantaba para ir al trabajo. "Me siento muy decaído", decía. Vino el médico el cual le recomendó visitara a un sicoterapeuta amigo. Este le recomendó que no asistiera a la iglesia por un tiempo, pues no estaba en condiciones de encarar conflictos. El había idealizado a la iglesia, especialmente al pastor y a algunos de los líderes más destacados que ahora se combatían entre sí sin misericordia y en nombre de la verdad evangélica. Primero pidió a los creyentes que no lo visitaran, después se mudó del barrio. No quería saber nada más de la iglesia. Después de dos años de sicoterapia, en manos de un profesional con actitudes antirreligiosas, esta persona superó su crisis y no volvió a la iglesia. Al final de nuestra entrevista había comprendido que sus necesidades espirituales insatisfechas necesitaban un medio adecuado de expresión. Oramos, y su oración fue conmovedora.

La idealización y la desilusión pueden encontrarse en la vida de un cristiano y hacer estragos en ella. *Algunos defensores de la ortodoxia no se dan cuenta del mal que hacen a otros.* En cierta iglesia se realizó un esfuerzo evangelizador a través de una película. En el momento de la discusión de la película, donde se esperaba que los creyentes dieran su testimonio de vida cristiana con sus actitudes, un pastor, que estaba de visita atacó a la comisión que había preparado el programa. Sin tener en cuenta que había 30 o 40 personas ajenas a la iglesia en el salón, en una actitud claramente agresiva, manifestó que ésa no era una forma adecuada de evangelizar, dando origen a una discusión sobre procedimientos en el curso de una reunión programada para evangelizar. Una joven que había venido invitada hizo el siguiente comentario a su amiga creyente: "No te das cuenta de que la iglesia es una utopía: éstos que se supone deben evangelizarme se han puesto a discutir, en mi presencia, sobre la mejor manera de hacerlo y al final hacen todo lo contrario de lo que habían programado".

El pastor, y también el laico, debe recordar siempre quién es y reconocer honestamente la diferencia existente entre lo que es y lo que debe ser según el modelo de Jesucristo. Claro que esta toma de conciencia nos conduce necesariamente al arrepentimiento, a menos que no seamos lo que manifestamos ser. Veamos un ejemplo de la Biblia: Pedro y Judas cayeron en el mismo error: los dos traicionaron a su Señor. Pero se arrepintieron en forma muy diferente: uno lo tomó a nivel humano y se impuso el castigo, el otro esperó el perdón de Dios.

Ninguno actuó según la experiencia vivida, sino según lo que era. El pastor debe aprender de sus errores, pero hay algunos que parecen no querer o no poder aprender. Aquello de que la "experiencia es el mejor maestro" no es siempre válido. La experiencia es directamente proporcional a lo que la persona es. A mayor calidad humana, mayor enriquecimiento por la experiencia. ¿Por qué Judas se ahorcó y Pedro no? Ambos estuvieron con el Señor, le prometieron fidelidad, le negaron y se arrepintieron de su acción. Pero había algo en la personalidad de cada uno de ellos que les llevó a actuar en forma diferente.

No tiene sentido defender de sus errores a la Iglesia o a algunos de sus pastores. La Iglesia está enferma, debemos reconocerlo. Pero es la única enfermera con que cuenta la humanidad. No hay otra esperanza. Lo cual no significa que debemos complacernos con la enfermedad. Primero es necesario reconocer su existencia, ubicarla, para después eliminarla.

Es lamentable reconocer que algunas personas parecen no tener cura. Pero la enfermedad de la Iglesia es curable.

c) **Pensamientos para la reflexión del pastor**

Contando con veinticinco años de experiencia pastoral y teniendo en cuenta mis investigaciones y reflexiones sobre lo que debe ser el ministerio cristiano hoy, me atrevo a presentar algunos pensamientos con el propósito de estimular la reflexión pastoral.

1. *Sobre lo que los laicos esperan de su pastor:*

Lo que esperan de nosotros no es necesariamente lo que más necesitan.

Lo que les damos no es siempre lo que más necesitan.

El pastor debe procurar la dirección divina para ubicarse correctamente ante su congregación, descubrir las necesidades básicas de sus feligreses, a la luz de las Escrituras y la orientación del Espíritu Santo, y ofrecer una orientación profundamente arraigada en el mensaje cristiano.

El pastor no debe dejarse halagar exageradamente por su congregación; de permitirlo estará contribuyendo al mecanismo de idealización del pastor, lo cual trae funestas consecuencias para el ministro y para la iglesia.

La experiencia de Pablo en Galacia le condujo a escribir Romanos 7. El pastor debe presentarse como un ser humano y no debe contribuir a la pastorolatría con la aceptación complacida de alabanzas y glorias que corresponden sólo a Dios. La experiencia de Pablo nos sirve aún.

El pastor no debe caer en la tentación de presentarse como si fuera una "enciclopedia andante". Si los feligreses esperan que él lo sepa todo, debe mostrarles que no es omnisciente, que no es un dios, que tiene limitaciones. Debe ser humilde y sincero para admitir públicamente que no lo sabe todo, que alguna pregunta no la puede responder sin antes investigar el asunto.

Los laicos suelen esperar que la esposa del pastor sea fundamentalmente un pastor asociado; y que sus hijos se comporten como si fueran adultos. Esto es parte de la idealización a que hemos hecho referencia, extendida a la familia pastoral. La esposa del pastor debe comportarse como un miembro más de la congregación, como esposa, compañera y madre. Los hijos de los pastores no tienen que ser, necesariamente, mejores que los hijos de otros miembros de la iglesia. Son seres humanos, no son semidioses. Muchas esposas e hijos de pastores han sentido y sienten el peso de la presión que se ejerce sobre ellos para que sean personas diferentes de lo que realmente son.

El pastor y su familia, no obstante, deben recordar que ninguna persona puede llevar a otra más cerca de Cristo que lo que ella misma está. Esto es válido para todos los creyentes y no sólo para el pastor y su familia. Todos los cristianos debemos crecer en la vida de fe, testimonio y acción cristiana; la meta de cada cristiano, pastor o laico, es llegar a ser como Jesucristo.

Los laicos esperan que el pastor sea un ministro cristiano y éste siempre debe recordar quién es. Los laicos tienen derecho a esperar que sea lo que debe ser: un ministro de Dios.

2. Sobre lo que el ministro realmente es

Un ministro es alguien llamado por Dios para servirle entre los hombres. Cuando Dios llama a alguien es porque previamente lo ha equipado con las aptitudes que necesitará para cumplir con la vocación a la cual es llamado. Esta persona, al dar testimonio ante la iglesia del llamado de Dios, logra que ésta le ayude a alcanzar la capacitación adecuada y posteriormente la iglesia lo ordena para cumplir un ministerio separado.

La autenticidad del llamado divino al ministerio cristiano es verificada por la presencia de los siguientes factores: aptitudes personales, sometimiento del aspirante a la disciplina de la capacitación adecuada y aceptación de la persona como ministro por parte de la iglesia. Es lamentable reconocer la realidad de que existen personas, supuestamente llamadas al ministerio que no llenan los requisitos mencionados. La iglesia tiene todo su derecho a no aceptar como auténtico un supuesto llamado divino.

John R. Mott definió al líder cristiano en la siguiente forma: "Es aquella persona que sabe el camino y la meta a alcanzar. Es la persona que dentro de un grupo conoce los objetivos del grupo y sabe cómo alcanzarlos [. . .]. Es el compañero que va al frente de los demás y a quienes él quiere inspirar confianza, para seguir por el camino que él conoce, no es alguien que da órdenes, sino el que muestra un ejemplo de acción [. . .]. Es aquel que tiene el don de ejercer influencia sobre los demás sin esfuerzo y hasta cierto punto inconscientemente; que lleva al grupo a tomar actitudes e iniciativas con naturalidad".

Hay algunas cualidades básicas que el pastor debe poseer y acrecentar a fin de cumplir cabalmente con el llamado de Dios.

Debe ser natural. No debe pretender ser más de lo que es.

Debe estar atento a las reacciones de sus feligreses y listo para descubrir síntomas de enfermedad para acudir con la medicina espiritual.

Debe alegrarse sinceramente cuando algunos laicos o pastores logran el éxito. Debe cuidarse de los "celos profesionales".

El pastor es alguien que no utiliza el púlpito para avergonzar a un feligrés. Debe recordar que la alabanza adecuada suele ser buena y que el asesoramiento personal se hace en privado, no desde el púlpito. El sermón es para toda la congregación y no para una persona en particular.

El pastor debe ser capaz de dominar sus emociones. No hay pecado en estar emocionalmente excitado, pero podemos pecar cuando no podemos canalizar adecuadamente nuestras emociones.

El pastor no debe fomentar el favoritismo hacia algunos miembros de la congregación, en perjuicio de otros.

Sólo ha existido un ministro perfecto: Jesucristo. Pero el reconocimiento de nuestras limitaciones no debe servir de excusa para que el ministro se contente con la mediocridad. Jesucristo es nuestro modelo de pastor y debemos esforzarnos por conformarnos a él.

El pastor debe procurar conocerse a sí mismo hasta donde sea posible. Debe saber lo que realmente es. Debe conocer las motivaciones inconscientes de algunas actitudes que pueden ser creadoras de tensiones y conflictos. Debe conocer los mecanismos inconscientes que suele utilizar para escapar de situaciones difíciles. De esta manera podrá descubrir su propia problemática personal. El pastor debe pastorearse a sí mismo y al hacerlo debe establecer un equilibrio entre dos actitudes extremas: la excesiva rigidez consigo mismo y las autoconcesiones negadas a los demás. Es absurdo que un ministro sea pastor para todos, excepto para sí mismo. También debe ser el pastor de su familia. El que logra ser un buen pastor de su familia jamás fracasará como pastor de la iglesia.

3. *Lo que debe ser un ministro hoy*

El ministro debe tener siempre presente que la Iglesia no es perfecta todavía, y que sus ministros son seres humanos. Por lo tanto el pastor no debe sentirse halagado cuando algún feligrés menciona los defectos de su predecesor. No tenga la menor duda de que en la misma forma tratará de halagar a su sucesor. Quien más se perjudica es el miembro adulón, a mayor cambio de pastores se obrará en él una mayor degradación espiritual. La mejor cura para tal enfermedad espiritual es invitar al laico a conversar el asunto en presencia de su predecesor. También es lo más honesto con su compañero en el ministerio.

Recuerde que toda mancha que cae sobre un pastor salpica a los demás. No quiero decir que debamos sentirnos obligados a defender a los del "gremio pastoral". Es que no edificamos a la congregación cuando estimulamos las críticas a nuestros compañeros.

Tomemos una iglesia dividida por interpretaciones ético-morales diferentes; por diferencias de opinión sobre los alcances sociales del evangelio; por interpretaciones distintas sobre la acción del Espíritu Santo en la iglesia, etc. Una iglesia dividida significa un pastorado dividido. No hacemos bien a la iglesia atacando a nuestros hermanos pastores de nuestra propia denominación a quienes consideramos equivocados. Lo correcto es dialogar con nuestros compañeros y orar juntos. Tampoco debemos juzgar a los pastores de otras denominaciones, ni a los curas. Cuando alguien dice: "Creo en Dios pero no creo en los curas", la afirmación también salpica a los pastores.

La maduración del pastor, en un mundo en crisis como el nuestro, debe lograrse a tres niveles: teológico, espiritual y emocional. De los tres depende la totalidad de su conducta moral. No es posible la plena madurez cristiana del pastor sin una adecuada maduración en cada uno de estos tres niveles.

La madurez teológica no es lo mismo que la información teológica. Uno puede estar bien informado y mal formado. Existe formación teológica cuando lo conceptual se ha encarnado. Cuando los conceptos teológicos se convierten en actitudes, convicciones y compromisos ante sí mismo, el prójimo y Dios.

La madurez teológica se logra plenamente cuando Jesucristo deja de ser un objeto de estudio para convertirse en una Persona con la cual entramos en relación personal, reconociéndole como Señor, Salvador y Modelo de humanidad.

La madurez espiritual no tiene una clara línea de demarcación con la madurez teológica. La conciencia de la dependencia divina, a través de Jesucristo, da sentido cristiano a nuestra espiritualidad. Un pastor de fe irradiará confianza que viene de Dios, como la luna refleja la luz que no le es propia.

Los tres niveles de la madurez cristiana no son más que manifestaciones particulares de una sola realidad: el hombre cristiano. Por lo tanto no puede existir una plena madurez teológica o espiritual sin cierto grado de madurez emocional.

La falta de madurez emocional conduce al pastor a dos complejos muy graves que impiden el logro de su plena madurez en Cristo. El primero lo denominaremos *complejo de alfa y omega*. Se caracteriza por la pérdida de la perspectiva histórica del ministerio cristiano. El "enfermo" parece creer que la historia comienza con su ministerio y por lo tanto el pasado no existe para él. Además el futuro, aparte de él, no cuenta para nada. El segundo es el *complejo heliocéntrico*, en el que el pastor se siente como si fuera el sol y tuviera los demás como planetas girando en su derredor. Este complejo se caracteriza por la falta de humildad y amor; el que lo padece se disfraza de ortodoxia para fortalecer su autoridad y alcanzar sus objetivos de fuerte tendencia autoidolátrica.

Los complejos antes mencionados son un obstáculo para que la información teológica se encarne en el pastor. También impiden la expresión normal de la vida espiritual, convirtiéndola en vana mojigatería, en hojarasca espiritual.

La afirmación de la personalidad del pastor, como ser humano, no debe considerarse como una expresión del *complejo de alfa y omega* o del *complejo heliocéntrico.* No hay una clara línea de demarcación entre la salud y la enfermedad espiritual. Pero quiero dejar bien claro que el desarrollo del prestigio personal, como cristiano maduro y responsable, teniendo claros los objetivos del ministerio cristiano, es perfectamente normal.

El reconocimiento del pastor como líder, lo cual implica tener prestigio entre sus feligreses, es fundamental para que éste sea seguido en la ejecución de proyectos para la extensión del Reino de Dios. Como ser humano, el pastor se siente halagado por el reconocimiento de sus feligreses. Es lógico que así sea. Pero éste no debe olvidar que la causa es más grande que los hombres que la proclaman.

El pastor maduro en Jesucristo no evita ni agrede a las personas que puedan "hacerle sombra". Su madurez le permite valorar aun aquellas ideas y sugerencias con las cuales no está de acuerdo. Su respeto por las personas que las sustentan le permite valorarlas.

El pastor, en un mundo en crisis como el nuestro, debe ser un buen mayordomo de su tiempo. Debe tener una clara jerarquía de valores; siempre tenemos tiempo para aquello que consideramos importante. A veces el pastor tiene tantas cosas que hacer que dedica mucho tiempo en decidir qué es lo que va a hacer y al hacerlo ya no le queda tiempo para hacer lo que decidió. Cada día, semana, mes y año debe ser previamente planeado en cuanto a los lineamientos generales del trabajo. Si yo no lo hiciera así, no podría realizar el ministerio multifacético al cual me ha llamado mi Señor.

El pastor de hoy, que vive en un mundo carente de afecto, debe desarrollar su capacidad para expresar el *calor fraternal* que corresponde insuflar en la *iglesia como familia de Dios.* Los hermanos en Jesucristo deben aprender a ser amigos entre sí en medio de un mundo cada vez más solitario a pesar de la explosión demográfica. Los hermanos en Cristo deben aprender a ser confidentes entre sí en momentos de creciente individualismo, fortaleciendo los nexos afectivos y apoyándose mutuamente en los críticos momentos de la existencia humana en que nos ha tocado vivir. Esta tarea no es fácil pero es importante que el pastor la reconozca como prioritaria en un mundo cada vez más solitario y multitudinario. El calor fraternal en la familia de Dios es hoy uno de los más atrayentes medios para la evangelización.

El pastor de hoy debe *predicar el evangelio,* no su propio evangelio.

El crecimiento numérico de la iglesia no es siempre una evidencia de que se esté predicando el evangelio, pero suele ser un buen síntoma.

El pastor de hoy debe trabajar primero para el Reino de Dios, no para una institución eclesiástica. Aunque los convertidos deben integrarse a una comunidad eclesiástica.

El ministro de hoy debe tener acceso a la profundidad del mensaje bíblico.

El ministro de hoy debe vivir y predicar un nuevo estilo de vida según el evangelio.

El ministro de hoy debe predicar mensajes pertinentes a nuestra situación concreta.

El ministro de hoy debe predicar en forma equilibrada, sobre las ofertas y las demandas del evangelio.

El ministro de hoy debe distinguir claramente las demandas del evangelio de las exigencias de la subcultura denominacional.

En situaciones límites el ministro de hoy debe saber establecer las prioridades entre las ofertas del evangelio (ministerio de consolación) y las demandas del evangelio (ministerio responsable de todos los cristianos).

El ministro de hoy debe tener presente que la mayor demanda del evangelio es el *arrepentimiento*. Sólo por el arrepentimiento se puede comenzar una nueva vida en Jesucristo.

El ministro de hoy debe proclamar la redención, a través de Jesucristo, de todo el hombre y de todos los hombres. Si bien es cierto que la obra redentora de Cristo es un hecho objetivo, no es menos cierto que sólo a través del *arrepentimiento* podemos hacer subjetiva, nuestra, la salvación realizada objetivamente por Jesucristo en la cruz del Calvario.

En el mercado internacional del amor hay una creciente inflación; mucha es la demanda y muy reducida es la oferta. El ministro de hoy debe tener presente el lugar que ocupó el amor en la predicación y la acción de Jesús. La Iglesia de hoy debe contribuir a disminuir la inflación a que nos hemos referido.

4. *Sobre el trabajo pastoral*

Para realizar un eficiente trabajo pastoral es necesario conocer profundamente las necesidades y posibilidades de la congregación. El pastor, al ser elegido para pastorear una congregación, debe preguntarse ¿por qué y cómo marcha? Es como preguntarse *por qué marcha un reloj*. Podemos escuchar su tic-tac, podemos ver cómo se mueven sus agujas. Pero para poder contestar la pregunta debemos (1) abrirlo para verlo por dentro, (2) conocer la función específica de cada pieza, (3) darnos cuenta de cómo están interconectadas las piezas y (4) procurar que cada una funcione sin perder el contacto con las demás. Como el reloj, la Iglesia tiene piezas que se mueven y otras que se dejan mover; pero todas son necesarias para que el reloj dé la hora exacta. No sólo es necesario conocer el reloj: es preciso recordar la necesidad que tiene de que le demos cuerda. Lo mismo ocurre con la Iglesia. El Espíritu Santo es la cuerda que mantiene en movimiento al reloj que es la Iglesia.

Si analizamos bien la imagen del reloj, tenemos que concluir que éste es mucho más fácil de entender que la Iglesia. Las imágenes tienen un valor relativo. ¿Conoce el pastor, en profundidad, la personalidad de cada una de las piezas clave de su congregación? ¿Sabe cómo están los miembros conectados entre sí? (vínculos familiares, atracción que existe entre sicogrupos y sociogrupos, repulsión que existe entre otros, etc.).

Si nos imaginamos a un aprendiz de relojero tratando de arreglar un reloj sin siquiera conseguir abrirlo, podremos imaginar las dificultades de un pastor, en los tiempos en que vivimos, si no cuenta con los instrumentos necesarios; si no tiene un adecuado conocimiento de la personalidad humana y de la dinámica de grupo. La psicología pastoral es un instrumento de nuestra cultura que es indispensable para abrir la caja del reloj. Sólo el Gran Relojero puede abrir la caja de forma milagrosa. Para él los instrumentos no son necesarios, para nosotros sí. El confía en nosotros para el mantenimiento a punto del reloj que es la Iglesia, el cual debe dar la hora exacta al mundo en que vivimos.

Hay situaciones conflictivas en la Iglesia que pueden resolverse adecuadamente si se acude a tiempo al lugar de origen del conflicto. Con un simple matafuego aplicado en el lugar adecuado se puede evitar que se queme todo el edificio. Si descargamos el matafuego en un lugar distinto de donde está surgiendo el fuego, el edificio se quema igual. *El líder auténtico* descarga el matafuego en el lugar adecuado y salva el edificio, *líder falso* lo descarga en otro lugar para dejarnos indefensos; el *líder confundido* no sabe usar el matafuego, o se olvida de que tiene ese recurso en casa. El pastor siempre debe actuar como matafuego, sin importarle lo que otros hagan.

En el trabajo pastoral no se puede enseñar la fe como si se tratara de teorema o una fórmula matemática. La fe no se enseña: se estimula. Esta afirmación surge lógicamente de la realidad de que el hombre ha sido creado a imagen y semejanza de Dios. La fe viene de Dios, pero está en nosotros mismos porque en nosotros está la imagen de Dios.

El trabajo pastoral debe tener continuidad y coherencia. Detrás de todo lo que se hace en la iglesia debe haber principios y objetivos claramente definidos. La iglesia debe saber dónde se encuentra y hacia dónde desea llegar según sus objetivos. El pastor debe proponer a la congregación una política de trabajo y un programa de acción bien definido.

Hay tres verbos que el pastor y la congregación deben conjugar permanentemente: *entrenar* laicos, *delegar* responsabilidades y *controlar* para que el programa se realice de acuerdo con los objetivos establecidos.

Entrenar laicos significa proporcionar y/o estimular la capacitación adecuada de cada líder de la iglesia local, según su vocación.

Delegar responsabilidad significa proporcionar las oportunidades para que los líderes de la iglesia ejerciten sus dones y pongan en práctica la capacitación recibida.

Controlar el cumplimiento del programa establecido suele significar choques con la rutina.

Cuando el tradicionalismo rutinario está arraigado puede hacer más mal eliminándolo que permitiéndolo. Algunos pastores fracasan cuando tratan de hacer cambios con demasiada rapidez.

Los cambios deben hacerse por persuasión y con la participación de todos, no por imposición.

Los miembros más conservadores asimilan los cambios cuando se sienten respetados y amados. Y cuando éstos se realizan en el espíritu de concordia que corresponde entre hermanos en Jesucristo.

Al final del año debe hacerse una evaluación objetiva de los progresos logrados hacia la consecución de los objetivos propuestos.

Capítulo 5
Hacia la renovación
de la Iglesia

La comprensión de la realidad de la Iglesia de hoy; el reconocimiento de la necesidad de que ésta cumpla la función terapéutica para su salud espiritual y la salvación del mundo; el aprovechamiento de las energías generadas por la dinámica de grupo en los grupos existentes en la Iglesia y la ubicación de los pastores en su realidad y la de la Iglesia, tienen un solo objetivo: la renovación de la Iglesia para el cumplimiento de los propósitos divinos.

La renovación de la Iglesia no es un fin en sí misma. Si bien la temática de los cuatro capítulos anteriores apuntan hacia esa renovación, ésta no es más que un medio para alcanzar el objetivo último: la salvación del mundo. Una iglesia renovada no es lo mismo que una iglesia a la moda, adaptada al mundo. La renovación se entiende en el sentido de adaptarse de nuevo a los principios evangélicos comprendiendo la nueva situación en que vive la humanidad.

La Iglesia y las iglesias: situación actual

Cuando en un grupo confesional se hace referencia a la Iglesia, por lo general se piensa en la suma de congregaciones que integran la denominación en el país y en el mundo.

De ahí que para distintos grupos el concepto de Iglesia tiene diferentes significados, pero todos se refieren a la Iglesia de Jesucristo. Desde la perspectiva de Dios el significado, es evidente, debe ser muy diferente al de la óptica estrecha del denominacionalismo.

La división es uno de los grandes pecados de la Iglesia. De ahí la oración intercesora del Señor por su Iglesia: "Mas no ruego solamente por éstos, sino también por los que han de creer en mí por la palabra de ellos, para que todos sean uno; como tú, oh Padre, en mí, y yo en ti, que también ellos sean uno en nosotros; para que el mundo crea que tú me enviaste" (Juan 17:20-21). La oración de Jesús nos incluye, pues hemos creído por el testimonio de los cristianos que nos han precedido en la historia; por lo tanto, la oración intercesora de Jesucristo para que estemos unidos, debe ser tenida muy en serio. El que tiene todo el poder para obligarnos a permanecer unidos no lo hace. Los deseos del Rey son una orden para sus súbditos. Si esto es así, ¿qué queremos decir cuando afirmamos *Jesucristo es nuestro Señor*? ¿Cómo podemos llamarle Señor y al mismo tiempo predicar la división? Una iglesia dividida crea aun mayor confusión en un mundo confundido.

El hecho de que Jesús, nuestro Señor, haya orado por la unidad de los cristianos debe estimularnos a hacer lo mismo. La división de la Iglesia no contribuye al cumplimiento de su misión. Esto es válido también para la congregación local.

En una ocasión un guardatemplo dio su testimonio en los siguientes términos: "Me sentía muy amargado y afectado espiritualmente. Había decidido renunciar a mi puesto. No podía resistir las tensiones que se producían en una congregación dividida en dos bandos. Me molestaba la actitud de algunas personas porque conocía todos los entretelones. Todo cambió para mí una mañana. Al ir a limpiar el templo me encontré al pastor orando arrodillado en la baranda. Oraba en alta voz por la unidad de la congregación. No pude evitar arrodillarme a su lado y unirme a la oración''. Eso es justo lo que debemos hacer los cristianos: arrodillarnos junto a nuestro Señor en el espíritu del capítulo diecisiete del Evangelio según San Juan, para orar por la unidad de la Iglesia. Unidad que necesitamos para dar un testimonio coherente en un mundo dividido.

1. El valor de las denominaciones

Las diferentes denominaciones deben su origen a razones históricas que en la mayoría de los casos son ajenas a la América Latina.

En nuestro Continente la división fue importada de los países misioneros y conservada primero por los ministros misioneros y después por sus hijos y nietos espirituales. Hay razones emocionales que nos conducen a valorar el sentido de pertenencia a nuestra denominación. En mi propio caso tengo un gran cariño por la Iglesia Evangélica Metodista donde, siendo un adolescente, acepté a Jesucristo como mi Señor y Salvador y donde he militado por treinta años. Es importante reconocer que mi lealtad a la denominación tiene fundamentalmente un carácter afectivo y emocional, cuando uno podría racionalizar para presentar razones lógicas y aun teológicas. Para fundamentar mi interpretación del valor de las denominaciones, me es necesario compartir las razones por las cuales soy metodista. Cuando en 1898 las fuerzas españolas fueron vencidas por los insurrectos cubanos, con el apoyo de los Estados Unidos, las puertas se abrieron para la predicación del evangelio. Entonces se llevó a efecto en Nueva York una reunión en la que participaron varias juntas de misiones, para coordinar la evangelización de Cuba. Allí se decidió que en las ciudades grandes podrían trabajar todas las denominaciones, pero los pueblos pequeños serían asignados a distintas denominaciones para asegurar que en todos hubiera una iglesia evangélica; de esta manera se evitaría que en un pueblito existieran dos iglesias y en otro ninguna. En ese "reparto", a mi pueblo, que entonces tendría unos 5.000 habitantes, le tocó a la Iglesia Metodista. Por eso soy metodista. La iglesia se fundó en el año 1903 y al producirse mi conversión en 1946, todavía era la única iglesia evangélica del pueblo; luego me era imposible optar por otra denominación. Si en el "reparto" a mi pueblo le hubiera tocado otra denominación hoy yo pertenecería a ella. A nivel teológico, para mí ser metodista no significa algo especial, aparte de la influencia que la denominación ha ejercido sobre mí; pero a nivel afectivo y emocional significa mucho. Es importante no confundir lo afectivo con los propósitos de Dios al llamarlo a uno al ministerio de su iglesia. Yo me he esforzado por formarme teológicamente yendo más allá de los énfasis tradicionales de mi denominación, pero conservando sus valores fundamentales (por ejemplo, el énfasis metodista en la experiencia personal, el nuevo nacimiento y la santificación, que interpreto como complementarios de la condición humana según el modelo de Jesucristo).

Resulta evidente que el valor de las denominaciones no es exclusivamente afectivo-emocional. Hay ciertas características y ciertos énfasis particulares que atraen la atención de unas personas más que de otras. Un diagrama nos va a servir para explicar la ubicación de las personas en diferentes denominaciones desde una perspectiva puramente humana. Sabemos que el Espíritu Santo actúa en la Iglesia y que cada individuo reacciona a la acción del Espíritu según sus características personales. Por eso, la persona que se siente llamada procurará ubicarse en la denominación más acorde con sus tendencias personales.

En el diagrama hay cuatro puntos de atracción: lo intelectual, lo emocional, lo corporal y lo volitivo. Las denominaciones que dan primacía a lo intelectual son aquellas que se ocupan más en la fundamentación teoló-

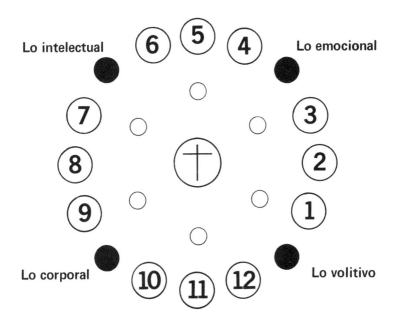

gica. Las que enfatizan lo emocional son las que subrayan la importancia de la experiencia personal e insisten permanentemente sobre la necesidad de conversión. Llamamos énfasis corporal al de las denominaciones que sobrevaloran la liturgia, los ritos, las poses corpóreas, etc., alejándose de los otros polos de atracción cúltica. Finalmente las denominaciones que enfatizan lo *volitivo* son aquellas que son muy exigentes en el comportamiento de los feligreses, y a veces se conocen más por lo que prohíben que por lo que predican. Ellas hacen de este aspecto de la vida cristiana su nota tónica. Ninguna denominación desconoce totalmente alguno de los cuatro puntos focales. Pero la mayoría están más cerca de uno o dos centros de atracción y más alejadas de los otros. Las iglesias que corresponden a los números 12,1, centran su atención en el comportamiento descuidando otros aspectos. Las numeradas 3,4 están más cerca de lo emocional; 6,9 de lo intelectual y 9,10 de lo corporal. Hay denominaciones intermedias entre dos puntos focales (2,5,8 y 11). Hay otras, además, que se acercan al equilibrio entre los cuatro puntos de atracción y en situación próxima a la equidistancia de los cuatro. Hemos colocado una cruz para señalar el ideal de una comunidad cristiana.

Las denominaciones con sus énfasis particulares satisfacen las necesidades personales de los feligreses: la necesidad inconsciente del sustituto del padre tiránico que lo prohíbe todo; la necesidad de emociones fuertes; la de cultivar lo intelectual o de expresión corpórea de la fe.

Hay varias preguntas básicas que debemos hacernos con honestidad: ¿Son las denominaciones más cercanas a los extremos las más necesarias para satisfacer las necesidades del hombre? ¿O son más bien perjudiciales pues presentan un evangelio parcial que ayuda a las personas a conformarse con aquello que le viene bien? ¿Cómo lograr un equilibrio entre los distintos factores que se dan en la experiencia religiosa? ¿Por qué crecen más aquellas denominaciones que enfatizan lo emocional y lo volitivo, aun cuando no tengan una teología bien estructurada, ni una liturgia coherente? ¿Es el crecimiento numérico fiel reflejo de que se está predicando el evangelio? ¿Por qué existen denominaciones con grandes teólogos pero con poca feligresía? ¿Debemos subestimar el crecimiento numérico?

Hoy se ha perdido la unidad monolítica denominacional. La mayoría de las congregaciones son pluralistas, se han atomizado, y tienen en su seno grupos que se acercan más a otros puntos focales que a aquel al cual la denominación se ha acercado tradicionalmente. ¿Ocurre por casualidad? ¿No será la acción del Espíritu Santo? ¿Cómo podemos distinguir la acción del Espíritu Santo de los intereses personales de algunos líderes? ¿Cómo lograr una Iglesia equilibrada: con una sólida fundamentación teológica que no se constituya en un fin en sí misma y que no sustituya a la experiencia personal; con una liturgia diversificada para dar lugar a las distintas formas del culto cristiano y con una aplicación correcta de los principios bíblicos sobre la disciplina comunitaria bajo la dirección del Espíritu?

Es importante hacer notar que las denominaciones también tienden a acercarse a posiciones diferentes con relación al alcance social del evangelio. En la aplicación del mensaje de Jesucristo a las situaciones concretas de esta vida. Un nuevo esquema nos va a servir para ubicar las denominaciones según los puntos focales que son enfatizados. En la Iglesia del Nuevo Testamento ya existían tres de estos puntos focales. La ultramundidad exclusiva de Jesucristo es atacada por Juan en su Evangelio. Nos muestra que Jesús, además de divino es también un ser humano, que se cansa (4:6), que llora (11:35), y que como cualquier otro crucificado siente sed (19:28). El naciente docetismo negaba la humanidad de Jesús; por eso es necesario aclarar que "todo espíritu que no confiesa que Jesucristo ha venido en carne, no es de Dios; y este es el

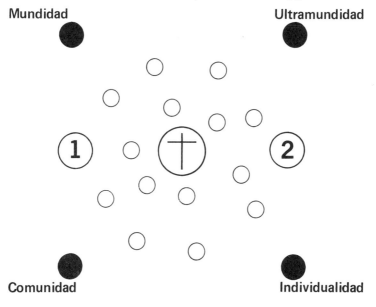

espíritu del anticristo" (1 Juan 4:3). La negación de la
divinidad de Jesucristo no se encuentra en la Iglesia del
Nuevo Testamento; aparecerá después. El sentido comunitario de la vida cristiana aparece en la oración del Señor:
"Padre nuestro. . ." (Mateo 6:9). El individualismo aparece
en la misma oración en la versión de Lucas "Padre. . ."[60]
(Lucas 11:2).

A través de los siglos se ha discutido mucho sobre la
naturaleza de Jesucristo, sobre su humanidad y su ultramundidad. Este tema ocupa lugar central en las polémicas
en la iglesia de hoy; si el mensaje de Jesucristo es para el
Otro o para *Este* mundo. Si lo importante es la experiencia
individual o si ésta es válida sólo cuando se vive en comunidad y compromiso. Aunque no conocemos una denominación que se coloque en una posición exclusivamente
terrena o ultraterrena, todas tienden a colocarse más cerca
de una u otra posición. Por eso en el esquema hemos colocado dos tipos de denominaciones numeradas; a la izquierda aparecen con el número 1 las que tienden a enfatizar
los aspectos terrenos y comunitarios del mensaje evangélico, alejándose del énfasis en la experiencia individual, la
conversión y los aspectos ultraterrenos de la salvación
cristiana. La antítesis lo forman las denominaciones que
sólo parecen pensar en el otro mundo. En el centro hemos
colocado una cruz que significa la ubicación ideal de la
Iglesia de Jesucristo, equidistante de los cuatro puntos
focales que forman parte del mensaje cristiano. Sin nu-
merar aparecen varios círculos que representan a denominaciones que se acercan más a uno u otros puntos focales,
al equilibrio evangélico.

Debemos reiterar lo que ya hemos dicho: la unidad monolítica denominacional no existe más. Encontramos
grupos en distintas denominaciones que se acercan a
puntos focales con las cuales su denominación no se ha
identificado tradicionalmente.

En mi caso particular reconozco los valores de mi

denominación, porque sus énfasis son bíblicos; reconozco además que estoy unido a ella por vínculos afectivos y emocionales; pero al fin de cuentas mi lealtad suprema no está depositada sobre mi institución eclesiástica sino sobre Jesucristo.

2. Niveles de madurez cristiana congregacional

Existen en las congregaciones tres niveles de maduración en Cristo que sospecho existen en todas las denominaciones. Los encontramos ya en las iglesias cuyas vidas están reflejadas en las páginas del Nuevo Testamento.

A veces la congregación mantiene su unidad apartándose de la verdad revelada; éste es el caso de las iglesias de Galacia. Otras, se dividen en pequeños grupos que coexisten en la congregación en pugna perenne, como en el caso de la iglesia de Corinto. Parece que aun en la situación conflictiva de las iglesias de Galacia no todos los creyentes se habían apartado de la ortodoxia que Pablo les había enseñado. En Gálatas 4 aparecen los tres niveles a que hemos hecho referencia. Durante su infancia espiritual los gálatas idealizaron a Pablo, exactamente igual que los niños conciben a sus padres como seres todopoderosos. El mismo fenómeno se da a nivel confesional: algunos creyentes idealizan a los fundadores de sus denominaciones y parecen ser más wesleyanos, calvinistas, valdenses, luteranos, que cristianos. El cristiano adulto jamás asume esa actitud.

En Galacia algunos de los que asumieron una actitud infantil para con Pablo, y que estaban aun dispuestos a sacarse sus ojos para dárselos (4:13-15), luego asumen la actitud rebelde e insegura del adolescente (4:16). El mismo fenómeno suele ocurrir en algunas denominaciones. En algunos círculos metodistas hay una rebeldía adolescente contra Wesley. En algunos casos se le ignora por completo y en otros se le menosprecia abierta o veladamente. Recuerdo que en una reunión regional de la Iglesia Metodista alguien mencionó a Wesley y a uno de sus énfasis. Otro, hablando en nombre del "ecumenismo", dijo que ése era un tema superado y que no debíamos volver a énfasis denominacionalistas. El cristiano adulto jamás asume esa actitud. No debemos arrojar por la ventana el valioso aporte denominacional. Todo intento ecuménico que nos fuerce a abandonar aspectos fundamentales de nuestra fe para lograr el entendimiento con otros cristianos es un ecumenismo falso; una actitud de adolescentes espirituales. Me he referido a la inmadurez adolescente de algunos en mi propia denominación para no tener que referirme a los adolescentes de otras denominaciones, porque los hay. La adolescencia señala las fallas de que adolece la Iglesia.

En Gálatas 4:19 Pablo señala su sufrimiento, semejante al de una mujer que está de parto, porque las iglesias de Galacia no habían superado su adolescencia; en su anhelo "que Cristo sea formado en vosotros", que los gálatas lleguen a alcanzar la madurez según el modelo que Dios nos ha dado en Jesucristo (Efesios 4:13-14), que no sean más niños adolescentes, sino hombres maduros en Cristo. La Iglesia en América Latina debe marchar hacia su madurez. La madurez de la Iglesia es la lógica consecuencia de la madurez de los cristianos, comenzando por sus líderes. La finalidad de toda la tarea terapéutica de la Iglesia es alcanzar su propia madurez para poder cumplir con el encargo divino de comunicar al mundo la Palabra redentora de Dios. Del vientre de la Iglesia vieja ha de salir el hombre nuevo que Dios, la Iglesia y el mundo necesitan.

La Iglesia y las iglesias: situación ideal

La unidad de la Iglesia no se logrará a través de concesiones y resoluciones de congresos eclesiásticos. La unidad viene del Espíritu Santo (Efesios 4:3) cuando los cristianos se ponen incondicionalmente en las manos de su Señor. El cuerpo de Cristo es vivificado por el Espíritu Santo (Efesios 4:4) y por lo tanto la Iglesia es llamada a tener un solo Señor, una sola fe, un solo bautismo (Efesios 4:5).

El cristiano y su iglesia necesitan tanto identidad como identificación. Uno sabe quién es, pero necesita poder demostrarlo a través de su identificación con una congregación local. Si un policía me detiene en la calle y me pregunta quién soy, de inmediato le manifiesto mi identidad que él puede creer o no. Lo más lógico es que él exija que yo demuestre que soy la persona que digo ser. Eso sólo puedo asegurarlo a través de mi cédula de identidad. Si no la tengo, no sólo el policía tiene derecho a dudar de mi identidad sino que la ley lo autoriza a detenerme por un mínimo de veinticuatro horas hasta que se compruebe que soy quien digo ser. Igualmente, no es suficiente con afirmar que uno es cristiano: hay que demostrarlo a través de la identificación con una iglesia en particular. La Iglesia es el cuerpo de Cristo (Romanos 12, 1 Corintios 12, Efesios 4) y sólo se puede ser miembro del cuerpo unido a él. Un miembro separado del cuerpo, deja de serlo para convertirse en masa putrefacta y maloliente y finalmente polvo de la tierra.

Uno no puede falsificar su identidad. Puede fingir ser lo que no es, pero el fingimiento no nos hace personas diferentes. Podremos engañar a otros, pero no a nosotros mismos ni a Dios. Pero si bien la identidad no es falsificable, sí lo es la identificación. Uno puede presentar su identificación como miembro de la Iglesia sin ser necesariamente cristiano. Igualmente, alguien puede presentar una cédula de identidad falsa que no coincide con la identidad del que la presente (aunque lleve su fotografía y su huella dactilar) si tiene nombres y apellidos que son falsos.

La palabra "autenticidad", que viene del griego *autós* (sí mismo), significa que uno es uno mismo, que no finge ser lo que no es. La autenticidad es una de las grandes necesidades de nuestro mundo. Vivimos en un mundo en crisis de autenticidad con tendencias a caer en el caos por la ruptura casi total de la relación entre identidad e identificación. Pensemos en un farmacéutico loco que intercambia la mitad de las etiquetas de las medicinas. ¿Cómo estar seguros de que los contenidos coinciden con lo que dicen las etiquetas? La confusión sería tal que resultaría imposible utilizar aun las medicinas cuyos contenidos coinciden con las etiquetas, porque la duda y el temor se habrían apoderado de toda la población. La imagen del farmacéutico loco y su acción sembradora de caos refleja muy bien la situación en que se encuentra el mundo de hoy: se duda aun de la identidad de los cristianos. No es suficiente identificarse como cristiano. El mundo espera que actuemos como tales antes de desterrar la duda, la suspicacia y el temor.

1. La identidad cristiana de la Iglesia

Ante la multiplicidad de iglesias, muchas de las cuales pretenden tener el monopolio del auténtico cristianismo y sin embargo difieren entre sí, es lógico que exista una imagen distorsionada del cristianismo en el mundo actual.

Una institución eclesiástica puede identificarse como iglesia sin tener tal identidad. Si el espíritu no vivifica el cuerpo, éste no es más que un cadáver. Lo mismo ocurre con la institución eclesiástica que no es vivificada por el Espíritu Santo. La iglesia no es un conglomerado de personas que busca satisfacción espiritual. Una sala de conciertos puede llenar esa finalidad sin ser necesariamente una iglesia. En el capítulo I hemos definido a la Iglesia como: "Un conjunto de personas que confiesan a Jesucristo como su Señor y Salvador personal, conservan sus características individuales distintivas, adoran juntos a Dios, interactúan entre sí a la luz del evangelio, para el mutuo enriquecimiento, y colaboran con Dios para el logro de la redención de todo hombre y de todos los hombres".

La Iglesia de hoy debe evitar el profesionalismo. El hecho de que en ciertas partes del mundo disminuya el número de ministros de dedicación exclusiva no debe interpretarse necesariamente como una calamidad. Sospecho que el Espíritu Santo no es ajeno a ese fenómeno. La renovación de la Iglesia implica el cambio de mente de la feligresía que a veces actúa como accionista de una empresa religiosa. Ellos ponen el dinero, pagan, y el pastor es el gerente de la empresa que debe producirles beneficios por la inversión que han hecho. Si éste no produce los beneficios "espirituales" apetecidos, en una asamblea de accionistas, o por los medios que provea la denominación, se le sustituye por otro que logre mayores rendimientos.

Hay muchos cristianos que no vienen a la iglesia sino con el propósito de recibir. Con dar la ofrenda es suficiente. No existe en muchos el sentido de la militancia cristiana. Por eso pienso que debe haber un menor número de ministros de dedicación exclusiva, los que sean realmente necesarios, y despertar el sentido de militancia entre los miembros de las congregaciones. Cada congregación debe ser un seminario teológico y cada miembro un pastor. No es necesario movilizar multitudes, aunque sería deseable. Necesitamos en cada congregación local una minoría caracterizada por la entrega a Jesucristo, que aprenda a vivir en el amor y a estar dispuesta a asumir la cruz si fuere necesario al seguir al Maestro. Ese pequeño grupo no debe caer en un activismo que se reduzca a moverse por el solo hecho de moverse, a veces en círculo vicioso. La pastoral para un mundo nuevo necesita claros objetivos evangélicos. Necesita profunda reflexión bíblica, inspiración del Espíritu Santo procurada en oración y acción concreta hacia los objetivos que se ha propuesto.

La pastoral debe ser necesariamente compartida en la Iglesia de hoy. No es de esperar que una sola persona supla todas las necesidades de una congregación y de su mundo circundante.

2. La identificación de la Iglesia implica un compromiso denominacional

Muchas denominaciones colocan delante de la identificación de su grupo: Bautista, Metodista, Menonita, etc. el adjetivo calificativo *"evangélica"*, que se supone se refiere a su identidad; se trata de una iglesia que se fundamenta en el evangelio. En el ejemplo del farmacéutico loco a que he hecho referencia, estaríamos en grave peligro si éste colocara una etiqueta que dice *"jarabe para la tos"* en un frasco que contiene *veneno*. La identidad y la identificación se necesitan mutuamente. El Espíritu nos está moviendo hacia la unidad (Efesios 4:3), pero mientras ésta no se concrete no podemos mantener nuestra identidad cristiana sino a través de la identificación que nos proporcionan las confesiones cristianas existentes.

Cada denominación tiene un aporte que hacer en humildad y mucho que recibir de las demás. La verdad absoluta corresponde sólo a Dios.

3. Hacia la renovación de la Iglesia

No es posible ofrecer soluciones prefabricadas a los problemas que encara la Iglesia hoy. El hecho de tomar conciencia de que la Iglesia necesita renovarse a la luz del evangelio y de las necesidades del momento, ya es un paso de avance. Debemos despertarnos de nuestro conformismo, abrir los ojos y ver el mundo que tenemos delante y hacer nuestro mayor esfuerzo porque el ministerio de la Iglesia realmente satisfaga las necesidades del mundo. Porque no hay otra esperanza para él.

Capítulo 6
Conclusiones

Sobre el título de esta obra
Después de haber leído este libro, usted se encuentra en
mejores condiciones de comprender el significado de su
título. La Iglesia necesita una comprensión *sicológica*
de sus errores y una buena *pastoral* que muestre a sus
miembros que esos errores son pecados y que sólo a
través del arrepentimiento y el cambio de actitud se
podrá salir del conflicto en forma adecuada.
Para nuestro Señor, la pastoral con su familia no debió
resultar fácil. Lo hemos visto. Si bien no estudió Psicología en una universidad, Juan 2:25 lo describe como un
profundo conocedor de la personalidad humana. Es
necesario tener en cuenta elementos sicológicos y pastorales para comprender cómo Jacobo llegó a ser el líder
máximo de la congregación de Jerusalén. Jesús fue un
extraordinario sicólogo pastoral.
La posición social y el papel que se desempeña son inseparables, y de igual manera lo son la psicología y la pastoral.
Hemos visto la necesidad de un sano equilibrio entre el
status y el rol, e igualmente necesitamos una psicología
pastoral equilibrada en sus elementos componentes. Se
desempeña mejor un papel cuando se goza de cierto
status porque ésta ofrece la seguridad que ayuda a

desempeñar el papel. La misma función cumple la psicología con la pastoral.

Un análisis sicológico-pastoral de la congregación y sus líderes, de la disciplina comunitaria y de todos los elementos del culto es una necesidad ineludible para que ésta pueda cumplir cabalmente su función terapéutica.

La necesidad de tomar conciencia

Debemos tomar conciencia de las motivaciones inconscientes de las divisiones que suelen surgir en el seno de las congregaciones. Por lo general éstas son el fiel reflejo de las divisiones que existieron en los propios hogares de los creadores de la tensión congregacional. Cuando las personas se convierten, o no, y se integran a la Iglesia, con mucha frecuencia transfieren los problemas de su vieja familia a la nueva, a la de Dios. Estas personas suelen idealizar a la Iglesia como la familia perfecta que no tuvieron y, paradójicamente, a nivel inconsciente hacen todo lo posible para que la familia ideal no se concrete en la Iglesia.

Debemos reconocer las grandes necesidades pastorales en el mundo y en la Iglesia. Existe un submundo que suele ser desconocido para la Iglesia. No es posible realizar una pastoral adecuada a nuestros tiempos sin una cabal comprensión de la realidad en que actuamos. En el capítulo II presento la mayor gravedad de los problemas del mundo. Si bien la Iglesia es la "enfermera de un mundo moribundo" debemos abrir bien los ojos para darnos cuenta de que la Iglesia también tiene su submundo. Por eso, al referirme a la psicología pastoral de grupos, en el capítulo III, escogí justo un grupo que pone de manifiesto la existencia de grupos marginales dentro de las congregaciones. Al realizar una psicología pastoral ecuménica (cuatro denominaciones y cinco homosexuales), nos dimos cuenta de que no hay denominaciones mejores que otras; lo que importa es la calidad humana, la profundidad de la fe y la disposición a abrirse a la acción del Espíritu Santo.

Tenemos que aprovechar mejor las estructuras grupales de nuestras congregaciones para el crecimiento personal de sus integrantes. Es necesario conocer cómo interactúan entre sí los componentes de un grupo para ayudarlos a aprovechar las energías del grupo para la edificación de todos. La imagen del reloj, que implica que el pastor no debe ser un aprendiz de relojero, nos sirve muy bien para explicar la necesidad de un mayor cuidado pastoral de los grupos que funcionan en la iglesia. A veces éstos realizan una terapia negativa, con lo que desilusionan a muchos que se acercan a la congregación.

Necesitamos un mayor número de pastores de alto nivel, de liderato altamente calificado, en forma integral, para cumplir el desafiante ministerio que nos plantea la América Latina hoy. La congregación que Jesús organizó en Palestina tenía líderes mediocres, lo hemos visto, pero la calidad del líder transformó a hombres comunes en destacados líderes. Es el sentido de la presencia de Dios lo que hace de un hombre común un líder religioso. Necesitamos más pastores que honestamente procuren el perfeccionar su condición humana según el modelo de Jesucristo.

Necesitamos menos pastores de dedicación exclusiva si la exclusividad trae como consecuencia congregaciones cuyos miembros actúan como accionistas de una empresa. Es necesario tomar conciencia de la necesidad de que todos los cristianos asuman actitudes pastorales. Que no busquen sólo recibir, sino que estén siempre dispuestos a compartir las bendiciones que reciben de Dios.

Es necesario desterrar la idealización del pastor como si fuera un superhombre. La aceptación del pastor como un compañero en el peregrinar hacia la plena realización según el modelo que Dios nos ha dado en la persona de Jesucristo.

La finalidad terapéutica de la Iglesia no es un fin en sí misma. La Iglesia necesita salud para cumplir su misión en el mundo por el cual Jesucristo dio su vida en la cruz.

Los pastores debemos tomar conciencia de que la función terapéutica de la Iglesia debe ser aprovechada por nosotros en primer lugar. No porque seamos mejores, sino porque somos llamados a servir más por nuestra vocación, capacitación y dedicación. Dicho de otra manera, porque nosotros podemos hacer más daño a la congregación que un miembro común enfermo. No es que yo haya inventado los conceptos de *complejo de alfa y omega* y *complejo heliocéntrico;* sencillamente he hecho una descripción de una realidad palpable, que percibo como enfermedad pastoral, generadora de surmenage y otros estados depresivos. Ningún ministro ha sufrido más que Pablo; sin embargo su vida estaba llena de gozo, aun tras las rejas de la cárcel. Dos elementos básicos impidieron a Pablo caer en el surmenage: su rica vida interior por la comunión con Dios y sus claros objetivos de servicio a los hombres en el nombre de Jesucristo para hacer posible su salvación. El pastor no es ni un dios ni un diablo: es un ser humano con la meta de ser como su Señor.

Cómo contribuir a la unidad de la Iglesia

Tomando conciencia de que la psicología pastoral es una útil herramienta para lograr ese objetivo. Las divisiones que se producen en el día de hoy, tienen "piel neurótica" bajo el disfraz de ortodoxia, además de las ambiciones personales de posición y poder. Crear nuevas denominaciones hoy es un pecado. Es como echar leña a la hoguera del pecado de la división que ya existe.

Las denominaciones surgieron por razones históricas y dejarán de existir por las mismas razones, porque

Jesucristo es el Señor de la historia.

El cristiano no debe cambiar *de* denominación. Debe esforzarse por cambiar *su* denominación. Debe tener en cuenta los dos esquemas del capítulo anterior para saber dónde debe producirse el cambio. La unidad se producirá cuando todos nos hayamos acercado al equilibrio evangélico. ¿Que su denominación no necesita cambiar porque ha sido diseñada según el modelo del Nuevo Testamento? Eso lo afirman varios grupos y sin embargo son diferentes entre sí. No existe una denominación perfectamente equilibrada según el modelo evangélico, pero es evidente que unas están más cerca de serlo que otras. También es evidente que nuestras opiniones están influidas, más que por razones subjetivas, por nuestros condicionamientos afectivos y emocionales. El orgullo individual se magnifica cuando se expresa en forma comunitaria.

Existe abundancia de infancia y de adolescencia en las denominaciones de hoy, pero la madurez no existe en abundancia. Hemos llamado actitud infantil la de aquellos que aman tanto al fundador de su denominación y la trayectoria histórica de la misma, que no se encuentran en condiciones adecuadas para reflexionar sobre lo que pasa hoy. Hemos llamado actitud adolescente —de rebeldía e inseguridad— a la de aquellos que están tan atados a lo que pasa hoy que no son capaces de valorar adecuadamente los acontecimientos históricos que dieron origen a su denominación. Ambas actitudes son erróneas, necesitamos madurez para poder analizar la realidad en la cual debemos servir a Jesucristo y al hombre por el cual El dio su vida. Esto no será jamás posible si no nos liberamos de los prejuicios y preconceptos. Es evidente que todos tenemos un marco referencial inconsciente que determina nuestras actitudes. Aun cuando no podamos modificarlo, es necesario conocer su existencia para impedir que nos esclavice con su rigidez, para poder ser nosotros mismos a la luz del evangelio y del mundo en que vivimos.

Los líderes cristianos de ayer, que crearon las denominaciones, fueron forzados por su presente a crear el mañana que es nuestro hoy. El presente del ayer se ha institucionalizado, se ha extendido en la historia y actúa en nuestro presente, a pesar de ser obsoleto para cualquier persona inteligente.

Una iglesia atomizada está en situación desventajosa para ofrecer un adecuado mensaje de fe, esperanza y amor a un mundo dividido y convulsionado por el pecado. El pecado de la división debe conducirnos al arrepentimiento y a arrodillarnos junto a nuestro Señor para unirnos a El en la oración de Juan 17:20-21. No hay mañana que no se transforme en hoy. El hoy de los que vendrán a la Iglesia cuando nosotros no estemos más en este mundo será para ellos mejor, si en nuestro hoy contribuimos para que el mañana sea mejor que el que nos legaron los que estuvieron ayer.

El hoy es el futuro del ayer. Si los que fundaron las denominaciones hubieran tenido ciertas vivencias espirituales y si no hubieran sido influidos por su medio ambiente, las denominaciones de hoy serían diferentes. Debemos valorar las vivencias espirituales y reconocer que si ellos hubieran vivido hoy muchas cosas que hicieron las habrían realizado en forma diferente, debido a la influencia del medio.

Del vientre de la vieja Iglesia surgirá el hombre nuevo y la nueva Iglesia para un nuevo mundo. Amén.

Notas

CAPITULO 1

[1] Jorge A. León, *Psicología pastoral para todos los cristianos,* 5a. edición (Miami: Editorial Caribe, 1976), pp. 46-63.

[2] Jorge A. León, *Teología de la unidad* (Buenos Aires: Editorial La Aurora, 1971). En esta obra hacemos un profundo análisis de tres imágenes de la Iglesia: Cuerpo de Cristo, Templo de Dios y Esposa de Cristo.

[3] Joaquín Jeremías, *Theological Dictionary of the New Testament,* Vol. I (Grand Rapids, Michigan: Wm. B. Eerdmans Publishing Co., 1965), p. 792.

[4] W. L. Vischer, *L'Ancien Testament Témoin du Christ,* Vol. II (Neuchatel-Paris: Delacheaux et Niestle, 1951), p. 18.

[5] Pierre Benoit, *Exégèse et Théologie,* Vol. II (Paris: Les éditions du cerf, 1961), p. 85.

[6] M. J. Congar, *Le mystère du temple* (Paris: Les éditions du cerf, 1958), p. 164.

[7] J. A. Robinson, *St. Paul Epistle to the Ephesians* (Londres: James, Clark and Co. Ltd., 1963), p. 262.

[8] Esta palabra no aparece en LXX.

[9] La palabra auténtico viene del término griego *autós* que significa *"sí mismo".* La persona auténtica es la que actúa tal cual es, que es sincera consigo misma y con los demás.

[10] Jorge A. León, *La imagen de Dios y el hombre nuevo* (Buenos Aires: Ediciones Certeza, 1977), cf. cap. IV, "El hombre nuevo que necesitamos".

[11]*Ibid.*, cf. cap. III "Caminos de renovación humana", donde analizamos las relaciones entre *hamartía* y *frustración, paraptoma* y *neurosis* y finalmente: *justificación* y *ajuste sicológico.*

[12]*Ibid.*, cf. cap. IV.

[13]Jorge A. León, *Psicología de la experiencia religiosa* (Buenos Aires: Edición del autor, 1973), cf. pp. 105-121.

[14]León, *La imagen de Dios.* En esta obra me ocupo de la redención cristiana en sus dos manifestaciones: vertical y horizontal con mayor amplitud. Aquí presentamos sólo una apretada síntesis.

[15]*Ibid.* En el primer capítulo de esta obra hago un estudio de la maduración humana en tres niveles: biológica, sicológica y espiritual.

[16]Cuando Ignacio escribe sus cartas a algunas de las iglesias del Asia Menor (año 107), muestra que en ese tiempo las congregaciones locales estaban gobernadas por obispos locales ayudados por presbíteros (ancianos) y diáconos. La organización eclesiástica que muestra la Tercera Epístola de San Juan pone de manifiesto la mayor antigüedad de esta carta.

[17]Jorge A. León, *La comunicación del evangelio en el mundo actual* (Buenos Aires: Ediciones Pleroma, 1974), cf. pp. 125-138. En ella amañizamos tres posiciones con relación a la misión de la iglesia que denominamos: neognóstica, neofarisea y evangélica.

[18]La palabra apóstol significa en griego "enviado". Estas personas son realmente enviadas a una determinada congregación como "misioneros" de su causa.

[19]*Dinámica* viene de la raíz griega que significa "fuerza, poder". De esta raíz surgen los términos: dínamo, dinamismo, dinamita, etc.

[20]Es evidente la incidencia en la actitud hacia Dios de la buena o mala relación con los padres. Ciertamente hay elementos sicológicos en la experiencia religiosa porque el ser humano que se acerca a Dios lo hace con la totalidad de su ser.

[21]León, *Psicología pastoral*, pp. 53-55. Cf. el concepto de racionalización.

[22]*Ibid.*, pp. 88-90, cf. los cuatro tipos básicos de conflictos. El tercero de ellos: *atracción con amenaza* es el conflicto ambivalente. En él están presentes valencias positivas y negativas. Una misma persona o situación puede resultar, paradójicamente, repulsiva y atractiva a la vez.

[23]León, *Psicología de la experiencia religiosa*, pp. 123-137, cf. el capítulo quinto que está dedicado al estudio de la duda, donde queda claramente establecida la diferencia entre la duda neurótica,

que es enfermiza y perjudicial, y la duda existencial. Esta última es un ingrediente fundamental en el proceso mediante el cual se alcanza una fe madura.

[24] Según Marcos 10:35-45, Jacobo y Juan aspiraban a ocupar los dos puestos más importantes en el reino que Jesús iba a instaurar.

[25] Debo aclarar que la división de las dinámicas de la persona en cuatro fuerzas tiene un propósito didáctico. No existe una clara línea de demarcación entre ellas. Realmente se trata de una sola fuerza con diversas manifestaciones.

[26] León, *Psicología de la experiencia*, pp. 35-76. Desarrollo ampliamente las necesidades religiosas del ser humano tanto en su perspectiva teológica como en la sicológica.

[27] León, *La comunicación*, pp. 31-48. Cf. un estudio más amplio sobre este tema.

CAPITULO 2

[28] León, *Teología de la unidad*, cf. pp. 63-82.

[29] La palabra *anér* (marido, varón, hombre) aparece 23 veces en 1 Corintios. En 12 ocasiones significa "marido" y el contexto así lo atestigua: véase 1 Corintios 7:2,3,4,10,11,13,14,16,34,39, y 14:35. En otras 9 ocasiones *anér* significa varón, cf. 11:13 (2 veces); 4:7 (2 veces), 8,9,11,12,14. Sólo en una ocasión se utiliza para designar al hombre en el sentido genérico, en 1 Corintios 13:11. En Efesios siempre se utiliza para significar marido: 5:22,23,24,25,28 y 33. Hay una sola excepción en que esta palabra se utiliza en sentido genérico: 4:13.

[30] Este término aparece siempre en 1 Corintios y Efesios para significar hombre en el sentido genérico. Cf. 1 Corintios 1:25; 2:5,9,11,14; 3:3,4,21; 4:1,9; 6:18; 7:1,7,23,26; 9:8; 11:28; 13:1; 14:2,3; 15:19,21,32,39,45,47. En total 26 veces. La palabra hombre no se traduce en la versión Reina-Valera en 11:28. En Efesios aparece en 2:15; 3:5; 4:8,14,22,24; 5:31 y 6:7. En total 9 veces. La palabra *hombre* no aparece en la versión Reina-Valera en 3:16 donde traduce "hombre interior" por "corazón". En 5:31 el contexto muestra que se trata de un ser humano varón.

[31] J. H. Thayer, *Greek-English Lexicon of the New Testament* (Grand Rapids, Michigan: Zondervan Publishing House, 1963), p. 387. Presenta los siguientes significados para el verbo *makrothymei*: "Ser de un espíritu amplio", "ser paciente al encarar las ofensas y las injurias de otros". Al compartir estos significados

con el lector queremos mostrarle cuan amplio es el concepto que expresa el verbo con que Pablo comienza a describir la acción del amor en 1 Corintios 13:4. No se trata del sentimiento común de "paciencia", es algo mucho más serio y complejo.

[32]Cf. pp. 64-67.

[33]En el Nuevo Testamento hay dos versiones del padre nuestro: Mateo 6:9-13 y Lucas 11:2-4. Sin embargo el texto, en la versión Reina-Valera, es idéntico en ambos Evangelios salvo la omisión en Lucas de la parte final: "Porque tuyo es el reino. . ." Este añadido, en Mateo, no aparece en los más antiguos mss. Además, Reina-Valera incluye en su versión las siguientes afirmaciones que *no están* en el Evangelio de Lucas en su texto griego: "nuestro que estás en los cielos", "hágase tu voluntad así en la tierra como en el cielo" y "líbranos del mal".

[34]Martín Lutero, *El padre nuestro* (Buenos Aires: Editorial La Aurora, 1956), p. 20.

[35]Daniel Schipani, *El pueblo de Dios-comunidad sanadora*. Ponencia presentada en San Pablo Brasil, en marzo de 1977, en una consulta de la Fraternidad Teológica Latinoamericana. Dicha ponencia formará parte de un libro que aparecerá próximamente.

[36]León, *Psicología pastoral*, p. 125.

[37]Levítico 20:10. Véase también Deuteronomio 22:22.

[38]León, *Psicología pastoral*, pp. 108-110. Cf. un estudio más amplio de este pasaje.

[39]K. Aland *et al.*, *The Greek New Testament* (London: United Bible Societies, 1968).

[40]*Ibid.*, pp. X-XI.

[41]Como se sabe, originalmente los libros bíblicos no estaban divididos en capítulos, versículos y secciones. Esa tarea se realizó posteriormente para facilitar el estudio de los textos.

[42]Palabra griega incorporada a nuestro idioma. Significa acción de gracias.

[43]León, *Psicología de la experiencia*, pp. 123-137. Se hace referencia a la duda. En pp. 103-121 nos ocupamos de la oración.

[44]Exodo 20:1-17 y Deuteronomio 5:1-21.

[45]Mateo capítulos 5,6 y 7. Cf. Lucas 6:20-49.

[46]León, *La comunicación*, pp. 99-124. Cf. la evangelización y el reino de Dios.

CAPITULO 3

[47]León, *La comunicación*, pp. 179-182. Cf. la evangelización tensora. Este es un material muy útil, especialmente en lo que se refiere a la evangelización de persona a grupo.
[48]J. R. Gibb, *Manual de dinámica de grupos* (Buenos Aires: Humanitas, 1963), pp. 23-25.
[49]Carl R. Rogers, *Psicoterapia centrada en el cliente* (Buenos Aires: Editorial Paidós, 1972), p. 252.
[50]M. S. Olmstead, *El pequeño grupo* (Buenos Aires: Editorial Paidós, 1966), p. 79.
[51]*Ibid.*, p. 81.
[52]Rogers, *Psicoterapia*, p. 251.
[53]Cf. pp. 46-65.
[54]A. L. Kadis *et al.*, *Manual de psicoterapia de grupos* (México: Fondo de Cultura Económica, 1969), pp. 109-110.
[55]Una técnica es el conjunto de procedimientos de que se sirve una ciencia o arte. Además se entiende por técnica la habilidad para manejar esos procedimientos.
[56]El ciclo de conferencias, además de estar orientado hacia pastores y otras personas en condiciones de ayudar a los homosexuales, tenía como propósito (además de ayudar a posibles homosexuales), probar ante el público el material que posteriormente aparecería en un libro con dos ediciones: *Carta abierta a los homosexuales* (Buenos Aires: Ediciones Pleroma, 1976) y *Lo que todos debemos saber sobre la homosexualidad* (Miami: Editorial Caribe, 1977).

CAPITULO 4

[57]*Libro de trabajo del 7° Consejo Mundial de Asociaciones Cristianas de Jóvenes* (Ginebra: Alianza Mundial de ACJ, 1977), p. 15.
[58]*Ibid.*, p. 15.
[59]*América en Cifras* (Washington, D. C.: Secretaría General de la OEA, 1975), pp. 9-11.

CAPITULO 5

[60]Aunque en las versiones de la Biblia se lee "padre nuestro"

en la lengua original la palabra "nuestro" no aparece en Lucas. Esto implicaría una oración mas personal: "padre mío".